美術科教育の
理論と指導法

鈴木淳子 Atsuko Suzuki
女子美術大学教授

は じ め に

　技術革新やグローバル化、地球温暖化、経済的格差の拡大など急速に変化する現代社会において、創造性の育成に大きな期待が注がれている。それは、予測困難といわれる近未来を切り拓くイノベーションの創出に必要な要素としての創造性である。OECD Education 2030 プロジェクトの「変革をもたらすコンピテンシー（transformative competencies）」や世界各国で推進されている STEAM 教育の中心概念には、新たな価値を生み出す創造性が位置付けられている。一方、人工知能（AI）の進化によって、今ある職業の一部はすでに AI に代替されつつあり、「人間にしかできないことは何か」が問われている。社会は人間の創造性に活路を見いだし、近未来を構想しているのである。今や、創造性の育成は社会の要請であり、現代の教育課題といえよう。美術科教育の重要性を認識し、社会的視点からその意義を再考するとともに、学校教育における役割を果たすことが求められている。

　本書は、美術科教育の基礎理論と授業実践に必要な指導法を修得する美術科教育法のテキストとして編集されたものである。前書『美術科教育の理論と実際—美術科の教員を目指す人のために』（2015）を増補改訂し、新たに『美術科教育の理論と指導法』とした。前書に続き、美術の創造活動の経験を人間形成の観点から捉えた授業づくりを基盤としている。学習指導要領の改訂（平成 29・30 年）を踏まえ、指導計画の作成から授業の実施、評価まで、具体例を基に分かりやすい説明となるように心掛けて記述した。現職の先生方による授業づくりの工夫と併せて、授業の実際が伝わることを期待している。最終章（「美術科教育の課題と展望」）では、教育改革の世界的動向を踏まえ、これからの美術科教育の方向性を示すとともに、学校現場におけるカリキュラムマネジメントの推進を視野に、教科等横断的な学習として位置付けた美術科学習指導案例（第4章第6節）を掲載した。各章末のコラムは、執筆者がそれぞれ専門とする研究分野から美術教育を語る内容となっており、読者の視野の広がりとさらなる興味・関心につながることを願っている。

　最後に、本書の企画、出版に導いていただいた日本文教出版の日野求氏、園田洋介氏、担当編集者の岩﨑恵里氏に深く感謝を申し上げる。

鈴木淳子

第5章　授業の実際

第6章　美術科教育の課題と展望

第1章　美術科教育と人間形成

│1│ 「芸術」「美術」の概念

┃「近代的芸術概念」の成立

　ギリシャ語のテクネー（英語では art）は、知性の工夫による「技術」を意味する。その技術の中でも「模倣的再現のテクネー」が、芸術に相当すると規定し、芸術の本質は自然模倣にあるとする統一的な考え方が古代ギリシャにあった。その後、社会的身分によって技術に対する貴賤の区別が生じ、学問に類する知的な活動である自由学芸（liberal arts：文学、音楽、演劇、舞踊など）と、ものをつくる熟練的技術（mechanical arts：絵画、彫刻、建築など）に分かれていく。リベラル・アーツ（liberal arts：文法、修辞学、弁証法、数学、音楽、幾何学、天文学の7科）が、大学の一般教養科目として教育制度化されたのに対して、後者は、職人仕事としてギルド（同業者組合）によって担われていった。

　ギルドの職人であった画家など美術家の社会的地位を引き上げたのは、法王庁やメディチ家、ブルボン王家などが、権力誇示のため宮殿の装飾に力を入れ、美術家を重用したことによる。絵画や彫刻、建築を担う宮廷美術家は、その学問・科学的性格を主張するようになったのである。イタリア、フランスのアカデミー（王立絵画彫刻アカデミー Académie Royale de Peinture et de Sculpture 1684 年創立）に属する宮廷美術家は、ギルド支配を超えた特権を認められ、絵画、彫刻、建築は、「芸術」としての地位を確立していく。学問との分化、職人仕事との区別を経て、造形美術は、Beaux-Arts（ボザール、英語では fine arts）と呼ばれるようになる。造形美術が文学や音楽と同じ地位として見なされるようになり、統一的概念としてアート（art）を「芸術」の意味として用いる近代的芸術概念が成立するのは 18 世紀半ばである[1]。

┃芸道思想

　我が国では、平安時代以降、歌道・能楽・書道・画道・茶道・華道・香道などの「芸道」が、それぞれの「型」の形式を継承することで独自の美や思想を追求してきた。芸道思想は、技能の域を超えた内面性、精神的鍛錬を期するものであり、仏道修行のように「道」として、型の習得に至る「わざ」（芸術的技巧）を修練するものであった[2]。歌や書、画などに付いた「道」の字には、自己修養を重ね、向かうべき道として生き方をも規定する概念が含まれているのである。このような芸道思想における稽古精進の考え方は、仏教の、とりわけ禅宗による影響が大きいといわれる[3]。仏教の教えである「身心一如」は芸道思想の根本にある考えである。「芸道」は、家元制度の伝授思想により、確固たる組織を形成、拡充し、西洋の美術文化が流入した明治以降も、日本の伝統文化として独自の芸術観を伝承保持している。

┃「美術」の概念の成立

　我が国で「美術」の概念がつくられ、言葉が用いられるようになったのは明治以降である。文明開化の思潮が高まった明治初期、西 周（1829-1897）が liberal arts（「芸術」）に相当する

類概念として、fine arts に「美術」（『美妙学説』1872《明治5》年）の訳語を充てたことに始まる[4]。このほかにも「技術」「知識」「概念」「情操」など多くの哲学・科学関係の訳語は、西の考案である（「美術」の語は、1873年のウィーン万国博覧会の出品分類で、ドイツ語のkunstgewerbe あるいは bildende kunst の訳語として採用された官製用語との説もある）。

明治初期に訳語として考案された「芸術」「美術」の語の概念は、当初から一貫していたわけではなく、「美術」に文学、音楽、舞踊、演劇を含む包括的な概念を主張する考えもあった。内国勧業博覧会（第1回1877《明治10》年～第5回1903《明治36》年）の出品区分を見ると、「美術」とは何を指すのか、内容の範囲・規定に混乱と時代による変化が読み取れる。第1回（1877《明治10》年開催）の出品区分では、「美術」の細目に「彫像術」「書画」「写真」などがあり、「彫刻」の中には、貨幣や印も含まれていた。「美術」と「製造品」との違いは、「微妙、精巧」であることで、精巧な置物や細工物は「美術」と分類されていたのである。第4回（1895《明治28》年開催）以降は、「美術及び美術工芸」の区分となる。「工業」製品（陶磁器、漆器、金属器など）の中でも、絵や装飾など技巧の加えられたものを「美術工芸」として分類し、美術に属した形で「工芸」を位置付けている[5]。

明治30年代後半になり、ようやく「芸術」の中の分類の一つが「美術」であるとする使い分けが定着するが、美術の一語で芸術の意味を内包することもあり、美術の概念とそのジャンルについては、様々な考えがある。

▍芸術の分類

美術（fine arts）は、視覚芸術（visual arts）の意味として認識されている。視覚芸術とは、感覚領域によって区別された芸術分類で、視覚で認識される絵画・彫刻・版画・写真などである。芸術は人間の自己表現であり、表現の方法や媒体、その機能は様々で時代によって変化する。芸術の類型、種類の分類は種々の概念や観点によって多岐にわたっており、空間を表現の場とすることから、絵画・彫刻・建築は、空間芸術ともいわれる。これに対して音楽・演技・詩は時間芸術として、演劇・映画・舞踊は、時間的な推移と空間性を併せもつことから時空間芸術と区別される。また、純粋な美的価値・技術と効用価値・実用的技術の区別から、絵画・彫刻・音楽・文芸を自由芸術、建築・工芸・装飾美術を応用芸術とする分類もある[6]。

▍2▕ 芸術教育論

▍カロカガティアと美的教育論

芸術教育は、美や芸術の中心的意義を根本原理として、表現や鑑賞の美的体験によって人間形成を図ろうとするものである。美や芸術がなぜ人間形成の根本原理となるのか、始めに美的教育の理念をたどる。

古代ギリシャには、カロカガティア（kalokagathia、美にしてかつ善なること）の概念に基づく教育思想があった。カロカガティアは、「全ての美しいものはその用途にかなうものであり」また、「目的に適合するものは善であり、かつ美である（ソクラテス）」とする。これが人間的存在の完成の理想として人間形成の目標とされ、古代ギリシャでは、善と美の統一による心身の調和的な発達を目指す教育が組織されたのである[7]。

近世になり、カロカガティアに由来する、調和的人格の理想である「美しき魂」の思想が生ま

れる。ルソー（Jean-Jacques Rousseau 1712-1778）やゲーテ（Johann Wolfgang von Goethe 1749-1832）は、作品を通して美的道徳である「美しき魂」のありさまを具現化した。シラー（Johann Christoph Friedrich von Schiller 1759-1805）は、人間に内在する理性と感性が調和・統一された「全き人間」を人間性の完成とし、その理念と芸術の教育的効用（美の融和的な働き）を結び付けた「美的教育論」を提唱した。シラーは、『人間の美的教育について』（1795）において、「人間は言葉の完全な意味で人間であるときにのみ遊ぶのであり、遊ぶときにのみ全き人間である[8]」とし、美と遊ぶ自由な芸術活動こそ、人間を真に人間らしくし、人間の理性と感性の調和的な統一を実現するものであることを述べている。美的教育思想は、芸術教育の理論として発展し、19世紀末、ドイツを中心にヨーロッパ諸国に広がった芸術教育運動につながっていくのである。

▌情操教育論

　情操教育論は芸術によって、人間の不安定な感情が純化・洗練され、安定した感情が育ち、豊かな情操が養われるとする教育論である。情操（sentiments）とは、「外界の出来事や対象への単なる反射的な感情や本能的な情緒とは異なり、いわば人間の感情として人柄や教養に基づく持続的な情緒、基本的な感情傾向を包括する[9]」ものであり、「普通美的情操」「知的情操」「道徳（倫理）的情操」「宗教的情操」の四つがある[10]。情操は、一時的な感情とは異なり、持続的、恒常的な状態の形成を意味している。また、『中学校学習指導要領（平成29年告示）解説 美術編』では、「情操とは、美しいものや優れたものに接して感動する、情感豊かな心をいい、情緒などに比べて更に複雑な感情を指すもの[11]」とし、「それは、知性、感性、徳性などの調和の上に成り立ち、豊かな精神や人間としての在り方・生き方に強く影響していくものである[12]」と示している。

　アリストテレス（Aristotelēs 384-322B.C.）は、カタルシス（排せつ・浄化）の概念によって芸術の美的効果、感情的機能を説明している。芸術の独自な本質として、悲劇や音楽には、鬱積した感情を吐き出すことによって精神を解放し、一種の快楽を与えるカタルシス的効果があると考えたのである。芸術には、人間の感情を言葉や音楽、造形美術によって「自己表出（表現、外化）」することで、感情や情緒を客観化し、安定させる機能がある。情操教育論は、芸術のもつ感情的機能を重視し、芸術教育を感情教育と捉える考えである[13]。

▌創造教育論

　創造教育論は芸術教育によって、人間が有する創造性が発揮され、人間文化の進展に寄与するとの考えから、その重要性を主張する教育論である。18世紀半ばから19世紀に起こった産業革命による技術革新は、産業の機械化、工業化の進展をもたらした一方で、人間疎外や人間崩壊の意識を生むことになった。人間の創造性や主体性を芸術教育によって回復しようとする創造教育の思想は、19世紀末の芸術教育運動となり国際的広がりを見せた。

　ローウェンフェルド（Viktor Lowenfeld 1903-1960）は、人間のもつ創造性の育成の観点から、美術教育が人間形成を目的とするものであることを示し、民主主義的な社会における美術教育の重要性を述べている。彼は、児童の精神的、情緒的発達が、創作活動による創造性の発達とどのように関係しているか、心理学の知識から数千点に上る児童の作品を研究し、発達段階理論をまとめている（『美術による人間形成』（Creative and Mental Growth 1947）（⇒第4章第2節2 p.65）。美術における創作活動は、子供の創造性を刺激し、可能性を引き出すととも

に、その過程で「自己同一化」をもたらす。「自己同一化」は、単なる知識理解ではなく、自らがそこに溶け込むことによる共感的理解を伴う経験である。ローウェンフェルドは、美術を通した「自己同一化」の経験が、社会の中で協調的なバランスの取れた人間を育成するとした[14]。

┃ リードの芸術教育論

リード (Sir Herbert Edward Read 1893-1968) は、『芸術による教育』(Education through Art 1943) において、教育における「美的教育 (aesthetic education)」の重要性を論じ、「芸術を教育の基礎とすべきである」との理念を掲げた。リードは、教育の目的を「個々の人間に固有の特性の発達をうながし、同時に、そうして引き出された個人的な特性を、その個人が所属する社会的集団の有機的な結合と調和させることである[15]」とする。教育は、個人の独自性を発達させる「個別化の過程」であると同時に、個人の独自性と社会的な結合が調和する「統合の過程」でもなければならないとしたのである。美的教育は、この過程において根本的な役割を果たす。美的教育の領域として次の五つが含まれる[16]。

①あらゆる方式の知覚と感覚について、生来の強度を保持すること。
②さまざまな知覚と感覚を、相互に環境との関係において協調させること。
③伝達可能な形式によって、感情を表現すること。
④表現されなければ、無意識にとどまると思われる精神的な経験を、伝達可能な形式によって表現すること。
⑤必要な形式によって思考を表現すること。

「美的教育」は、人間の意識や知性、判断力の基盤となる諸感覚を教育するものである。リードは、これらの感覚が、外界と調和的で継続的な関係にある限りにおいてのみ、統合された人格が形成されると考えたのである[17]。

また、芸術活動は、根源的な人間本来の個人の欲求と反応であり、個別的な自己意識の存在と作用によるものであることを示している。芸術教育の三つの活動について、リードは次のように説明している[18]。

『自己表現』の活動 —— 自分の思考、感覚、感情などを他の人びとに伝えたいという、個人の生来の欲求（＊教師の役割は、案内役、触発者）。
『観察』の活動 —— 自分の感覚的印象を記録し、概念的知識を明確化し、記憶を構築し、実際的な活動を支援するものを組み立てるという、個人のもつ強い欲求（＊「技能」を指す）。
『鑑賞』の活動 —— 他の人びとが自分に向け、あるいは向けた表現の方式に対する個人の反応。そして一般的には、事実の世界における「価値」に対する個人の反応。

|1|　自己の形成

自己であることの認識

　美術科教育は、人間形成にどのように関わるのであろうか。人間は、自らの経験によって新たな能力を獲得しながら、身体的発達、情緒的発達、知的発達や社会性の発達をしていく。人間は発達によって限りなく変化を続けていくのである。しかし、ある点においては「個」として自己の同一性を保持する。つまり、生まれてから身体的特徴や知識、能力が飛躍的に変化しても「他者」ではない唯一の「自己」、「他ならぬ私である」とする存在の認識は普遍なのである。発達による変化、人間形成の過程で人間は変化していくにもかかわらず、自己の同一性を保持するのは、自己であることの認識が何らかの形で引き継がれていくためと考えられる。

　美術科教育の人間形成との関わりは、このような自己（自我あるいは人間の精神）との関わりに他ならない。認識や行為の主体である自己とは、どのように引き継がれていくと考えられてきたのだろうか。

人間の意識の発展

　ドイツの哲学者ヘーゲル（Georg Wilhelm Friedrich Hegel 1770-1831）は、『精神現象学』（1807）において、精神の発展の過程を「意識の経験の旅」に例えて論じている。人間の精神の日常的な在り方である意識は、同じところにとどまるのではなく、意識にとって新たな対象が生じることで、これまでの経験から新たな経験が生み出され、新たな段階へ進んでいく。このような人間の意識（精神）の経験は、真理の発見と自己否定を繰り返し、弁証法的運動によって高まっていくという。

　古代ギリシャ以来、経験は、感覚や印象のような受動的な感性体験と見なされてきた。しかしヘーゲルは、経験とは過去のある事象といった固定的、認識的な事柄ではなく、意識が新たな段階へと向かう力動的な運動として捉えたのである。経験によって、人間の意識は後戻りすることなく、「感覚」「知覚」「科学的思考」「自己意識」「理性」の段階へと移り変わりながら発展を続け、新たな自己を形成していくという。このように続く「意識の経験の旅」を教育的観点でみると、経験による自己の確立と深化の過程と理解することができる。そして、教育活動とは、子供の精神を次の段階へと高める経験であるといえよう[1]。

　ところで、ヘーゲルが「意識の経験の旅」の出発点とするのは、「感覚的確信」と名付けられた意識の原初のありさまである。最初に私たちが目の当たりにする事態に対して、何の変更や概念も加えずに感覚的にあるがままを受け入れる意識が「感覚的確信」である。これは、自我が意識としての発展を遂げる以前の感覚的な自我の世界であり、自我と事柄の関係の基点である[2]。「感覚的確信」の意識は、経験による学びの影響がない人間生来の精神の姿であり、自己の原点とも捉えることができる。

　ヘーゲルによると、意識の運動は上昇を続け、自己同一性をもった自己意識の世界へと移っていく。そして、意識は、唯一の存在である自己を肯定し、そのような意識自体が絶対的な存在で

10

20

30

あることを確信して、自己の存在を確立するのである。その後も、新たな経験によって意識は変化し、これまでの自己を基点として経験による新たな自己が形成されていく。やがて意識は、「絶対知」とされる最終到達点に至る。意識はついに自己の本質を捉え、現実生活の中で自信をもって、あらゆる物事を概念的に理解することができるようになるのである。ヘーゲルは、これを精神の最後の形態としている。

過去から持続する同一の自己

ヘーゲルが考えた人間の精神の発展とは、原初の意識が、経験による新たな自己の形成によって、次の新たな別の意識の段階へと移り変わり、自己の本質を捉える最終境地に到達するものであった。

これに対してフッサール（Edmund Husserl 1859-1938）は、時間によって過ぎ去った人間の過去の意識の経験は、変化しながらも現在に存在すると考えた。フッサールによると、過去に起きた出来事に対して、まず自分の中に「根源的意識」が形成される。根源的意識は、出来事に対する内的な意識で、心情や信念とも捉えることができる。根源的意識は、新しい経験によって別のものになるのではなく、時間の経過とともに何らかの相応な変容を被りながら現在につながっているという。

> 「根源的意識」は行為の源泉となる意識で、さまざまな変化はそこに源を発する。行為はすべて根源的意識と「かさなり合い」、すべてそれを「信じ」、すべてその存在を意識し、それによって充足される[3]

無限に流れる時間の中で、たった今起きた現在体験は過去へと沈み込んでいく。しかし、フッサールは、その中でなおも原点となる根源的意識が、過去から変化しながらも引き継がれ、統一されて「自己を現象として構成する」と考えたのである。つまり、自己とは、「現在（今）の自己」につながる根源的意識を保持し、過去からの持続の上に存在する同一の自己と捉えることができる。さらに、自己は、過去を所持するだけでなく、未来への期待も併せもつのである。

| 2 | 美術科教育の人間形成への関与

人間は、経験によって変容しながら、自己を構成し確立する。教育の働きとは、子供の「現在（今）の自己」に関わりながら、子供の精神や能力を高め、発展させていくことである。

石川毅（1938-1997）は、人間形成としての芸術教育の意味は、「芸術によって人間を形成する、あるいは芸術への道が人間形成につながる、ということではなく、人間の生成に直接与る（関与する）ことである[4]」と述べている。美術科教育は、美術の創造活動の経験を通して、子供が「現在（今）の自己」を認識し、自覚することにおいて、人間形成に関わっていると考えられる。

人間形成への関与の実際

美術の創造活動の経験を通して子供が「現在（今）の自己」を自覚するとは、具体的にどのような事象をいうのか。次に、井島勉（1908-1978）が子供の写生の様子を描写した文章を引用する[5]。

いま私はある講座のために、和歌浦に滞在している。会場に出かけるには少し早いので、旅館の窓から、すぐ下の浜辺を眺めている。小学校の三年生くらいの二三人のこどもが、砂浜に腰をおろして写生に余念がない。彼らは海に背を向けて、こちらの旅館と、松の木のある庭を描いているらしい。海岸に育ったこどもたちであるので海の絵には飽きてしまったのか、向こうから照りつける朝日が海に反射して眩しいためか、私には理由がよくわからない。ともかくも彼らは、海を描かないで建物を描いている。

（中略）……彼らが建物を描こうとしたのは、海が珍しくないから、建物の方が描きやすいと思ったから、単調な海の色よりも複雑な建物の色と形の方に一層の魅力を感じたから、その他さまざまな理由が考えられるであろう。それらのすべてをふくんで、建物の方に一層強い制作の興味を見出したからにちがいない。いいかえると、<u>建物を描くことのうちに、一層強い芸術的満足を覚える自己を見出したからにちがいない</u>。だから、<u>建物を描くことは、いわばそのような自己を描くことにほかならぬのである</u>。

（中略）……彼らはこの映像を、そのまま画用紙に移そうとするのではない。もしそうであるならば、彼らはたんなる技術者であるに過ぎない。むしろ彼らは、そのような<u>建物を見ながら満たされていく自分を描くのである</u>。もちろん、自分の顔や姿をではない。その建物の前に、その建物を見ながら生きている彼らが、<u>現に生きている自己の生の意識を形作るのである</u>。

（下線は筆者による）

　引用の事例は特別な制作風景ではない。図画工作の課題に、子供が浜辺の風景を写生している日常的な様子と思われるが、ここで真に子供が描いているのは、対象を通した「現在（今）の自己」であるということだ。さらに井島は、造形表現活動における自発的な意思の存在に着目している。文中の子供は砂浜に立ち、広がる景色を見渡した。そして、その中から自分が描きたいところを見つけ、描く対象を決定した。その選択には教員の指導や制作の条件も影響していると思われるが、最終的には子供の自発的な意思による決定がなされている。

　造形表現活動におけるこのような子供の自発的な意思は、「現在（今）の自己」に対する認識を意味する。井島が描写した写生の様子は、子供が対象を見ることから自己の意識を自覚し、制作を通して自己を構成する、人間形成への関与の実際なのである。

▌ 表現活動と自己に対する自覚

　井島は、表現活動には、「対象を見ることにおいて自覚されていく自己の生の真実[6]」があるという。対象を見ることで、「美しい」「面白い」あるいは、「つまらない」など様々な感情が湧き起こり、子供はそのように感じる「現在（今）の自己」に気付き、向き合うことになる。心に湧き起こった高揚感や興味・関心を形や色彩などで表出することは、あるがままの自己を肯定することでもある。

　表現の過程では、対象の観察や表現に向かう思考と、内なる自己に向かう自己内対話（内言による自己への問い掛け）が繰り返される。井島は、「個々の対象という外と、普遍的な自己という内との直接的な相即性の上に、表現構造が成立する[7]」と述べている。表現活動は、対象を描写するだけの一方向だけではなく、自己内対話による内に向かう方向の二つが融合して進むものである。その過程において、「現在（今）の自己」を認識し、自覚することになるのである。

10

子供の感性や表現に対する共感と受容

　子供の自発的な意思の存在とその表出が見られる創造的な表現活動をつくるには、子供の感性や表現に対する指導者の共感と受容がなければならない。美術教員は、子供が対象を見て感じ取ったよさや美しさを共に味わい、「本当にきれいだね」と心から共感し、その表現を受容し理解することが大切である。子供にとって美術教員に認められることは、表現する喜びとなる。このような経験の積み重ねによって、子供の豊かな感性や情操が養われ、自己肯定感が高まると考えられる。子供の感性や表現に対する共感と受容は、美術教員に求められる重要な資質能力である。

美術科教育の機能

　美術科教育は、「創造的な表現活動を通して、子供が『現在（今）の自己』を自覚し、自己を構成する経験」において人間形成に関与すると考えられる。

10　アイスナー（Elliot Wayne Eisner 1933-2014）は、美術教育の価値についての論考の中で、シラー、リードをはじめ、多くの人々が独自の方法で人間生活や教育作用における美術の機能を規定してきたことを紹介し、「われわれは、人間の経験における美術の機能を検討することによって、美術教育の正当化を知ることができるのである[8)]」と述べている。美術科教育の機能とは、「『現在（今）の自己』を自覚し、自己を構成する経験」として、子供の人間形成に寄与することである。このことは、美術科教育が普通教育として義務教育段階の全ての子供に保障されている意義を考える上で、広く認識されなければならない機能である。

｜3｜ 「経験」としての美術科教育

造形表現活動における経験

　美術科教育における造形表現活動の「経験」は、子供にとって予想や期待が欺かれない楽しい思い出のみが残る「体験」とは根本的に異なるものである。

　「体験」は、子供に満足や喜びをもたらす直接的な感情に帰着する。これに対して、美術科教育における「経験」は、教科の目標の達成を目指して行われる造形表現活動であることから、達成に向けた取り組みの過程で、時に困難がもたらされることがある。また、表現の楽しさや喜びを味わう一方で、必ずしも全ての子供が目標に到達するとは限らない。努力しても思い通りに行かず、悔しさを味わうことや完成作品に満足できないなど、苦い思いをすることがある。さらに、学年が上がるにつれて、教科の内容は基礎的な知識・技能の習得から、それらを活用したより深い表現へと発展していく。このことに伴い、創造活動の喜びと厳しさの二面性は、より顕著になっていく。美術科教育の造形表現活動は、楽しさを味わうだけでなく、自己を乗り越える厳しさや困難、喜びに直面する経験なのである。

「体験」と「経験」の差異

　「経験」とは何か、ドイツの教育哲学者ボルノー（Otto Friedrich Bollnow 1903-1991）によると、経験（experience 、erfahrung）の起源は、簡単な乗り物で「行く」（fahren）に由来し、旅の目標に達することを意味するという。ボルノーは、主観と客観の違いによる解釈を基

15

に、「体験する」（erleben）と「経験する」（erfahren）の二つの言葉の差異を次のように説明している。

「体験する」は、体験する者がその中心に立ち、感情を主体として主観的であることから、体験する者は喜ばしい形で豊かにされる。一方、「経験する」は、現実に密着しており、経験されたものを客観化し思考することから、正確で事実の厳しさが伴う。人間形成の観点でみるならば、「体験」は全く自分自身に立脚して自分を超えるものではないので、最後にはその体験への思い出のみが残るのに対して、「経験」は本人に継続的な変化をもたらすという[9]。

「経験」の異なる二つの面

経験の多くは厳しく、不愉快あるいは不当な経験である。全ての経験が人を成長させるとは限らず、経験によって人は負の方向に変化することもある。

人間は他者との関わりを通して成長するといわれる。「私」とは、他者との関わりを通じて初めて生まれる意識である。しかし、善ばかりでない他者経験は、負の側面をもつことがある。負の経験は、時に人生における新たな挑戦を諦め、放棄することにもつながる。高橋勝（1943-）[10]は経験について、「日常性を強化すると同時に、その日常性をも破壊する」諸刃の剣としての性格を挙げている。学校におけるいじめの問題は、異和と苦痛をもたらす他者経験である。ボルノーは、経験における異なる二つの面を次のように説明する。

> 一つの経験は、その不動の習慣の中で人を鈍くして硬化させ、他の経験にたいして結局は人を閉ざさせる。もう一つの経験は、けっして自己を閉ざすことなく、心を開いて受け入れる用意を怠ることなくたえず前進し、経験豊かと称されるすぐれた成熟の人へと導いていく。われわれは経験の本質を正しく理解して、その二つの面の内面的な関連をとらえようと試みねばならない[11]。

経験には、負の側面と新たな世界を開く契機にも成り得る可能性をもつ正の側面がある。日々、生活世界の新たな媒介によって、それまでの経験は否定され、新たな意識が生じて経験は更新されていく。生きることはこの連続である。教育活動においては、このような経験の本質を踏まえ、子供が経験を「新たな発展につながる経験」として解釈し、自己形成に生かしていくよう導くことが大切である。

デューイによる「経験の構成」

デューイ（John Dewey 1859-1952）は、経験を活動の能動的要素と受動的要素の様相から捉えている。経験は、対象となる活動への自己の能動的な試みとしての「働き掛け」と、そのことによって「受ける結果」に対して、意識的に前後の「関連付け」がなされることで構成される（図1）。また、受動的な感性体験や認識的な事柄ではなく、経験は常に日常の活動に対する能動的な働き掛けによる変化とともにあり、固定化されず、動的である。

デューイが主眼を置くのは、主体の能動的な働き掛けによる結果としての変化を、主体がどのように関連

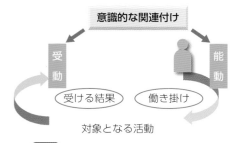

図1 デューイによる「経験の構成」

付け、自覚化するかという意識の働きである。つまり、困難に遭遇することで主体に変化が生じたとしても、そのことを意識が自覚して、過去に遭遇したこと（古い経験）を基にした新たな関連付けがなされないならば、それは経験ではない。デューイは、このことに対して次のように説明している。

> 子供がただ指を炎のなかに突っ込むとき、それは経験ではない。その動作が結果として彼が被る苦痛と結びつけられたとき、それは経験である。それ以降、炎のなかに指を突っ込むことは、火傷を意味する[12]。

　経験は、過去の経験が、主体による能動的な働き掛けによって変容し、そのことが関連付けされることにより新たな位置付けを経て、新たな経験として更新されていくのである（「経験の再構成」）。デューイは、「教育は経験の不断の再組織化または経験の再構成である」と述べ、人間の発達を目指した教育的方向性として、教育活動の経験の質を高めることの重要性を示している。

造形表現活動における「経験の再構成」

10　私たちは、生活世界において様々なものと出合い、経験を蓄積していく。造形表現活動は、このような日常の経験が制作の基盤である。子供にとって日常の経験は、制作の契機となり、新たな発想、テーマの創出につながる。図画工作・美術科には、日常の出来事など直接経験を主題にした題材や過去の経験を基に新たな主題を生み出す題材などがある。
　造形表現活動では、言語などによる知覚の刺激を受けること（「授業の導入」）によって「想起」された過去の経験が、構想によって新たな表現の主題として「選択」され、美術の知識や技能を「活用」した制作が進行する。やがて、作品の構成要素である形や色彩は、想像力との相互作用により、新たな特徴を獲得して「統合」され、作品が完成する。学習を振り返る言語活動で、自己の取り組みと結果とが関連付けされ、「自覚化」されることで、新しい経験として再構成されるのである（図2）。美術の造形表現活動の過程は、「経験の再構成」であり、美術科教育20　では、この一連のサイクルが繰り返されることで、より高次の段階へと進んでいくのである（⇒第4章第1節1 p.56）。

能動的な働き掛けの明確化

　子供がすでに獲得した能力を使って、たまたまの思い付きによる表現活動を楽しみ、「面白かった」と終わってしまうならば、それは体験したということに過ぎない。今ある知識や技能を使うだけで足りる学習活動ではなく、子供の新たな試みや自己の能力を高める挑戦（能動的な働き掛け）がある造形表現活動をつくることが重要である。
　そのためには、子供の発達段階や実態を踏まえ、子供にとって新たな学びとなる課題の設定が必要で30　ある。題材における目標を明確に示し、「どのような資質・能力の獲得を目指して、どのような取り組みをするのか」、子供が自己の学習をしっかりと自

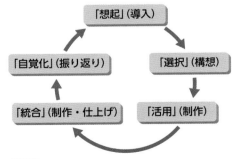

図2 造形表現活動の過程と「経験の再構成」

覚できるようにする。能動的な働き掛けを明確にすることで学習活動が充実し、質の高い経験が実現すると考えられる。

▎内省的思考による経験の価値付け

　主体の能動的な働き掛けと結果の関連付けによる自覚化において、「なんらかの思考の要素がなければ、意味を持つ経験は可能ではない[13]」とデューイは述べている。経験は、結果に対する振り返りや関連付けにおける内省の割合によって、試行錯誤的な経験と内省的経験の二つに分けられる。デューイによると、両者の違いは、能動である活動と受動であるその結果との間の詳細な関連を発見できるか否かによるという。

　課題の制作では、作品が仕上がった時点で学習は終わったと思ってしまうが、それはまだ実感に過ぎず、自己の認識や自覚には至っていない。構想段階から制作までの学習過程と結果である作品を関連付けることによって、学習活動は新たな経験として再構成される（⇒第4章第1節2 p.60）。その際、子供には、作品の上手・下手や成功・失敗ではなく、自らが取り組んだ造形表現活動の「経験としての意味」を考えるように指導し、経験の価値に気付かせる「内省的な思考」を促すことが重要である。内省的な思考により、結果をもたらした要因や自己の働き掛けの成果が明確になり、子供にとって次の新たな可能性を切り開く契機としての経験に成り得るのである。

▎知的発達による経験の質的変化

　発達によって、子供が感じる造形表現活動の楽しさや喜び、制作による満足感、達成感は質的に変化していく。これは、子供の自己意識や問題意識の変容に起因するものである。

　例えば、制作過程における自己内対話は、児童期には一面的な自我の気付きであるが、青年前期には客観的なもう一人の自己との対話になる。社会の一員としての意識の萌芽（ほうが）によって、自己内対話の内容は、所属する社会の在り方や社会における自己の存在、関わりへと拡大し、最終的に人間の本質や自然など普遍的な概念に対する問いになると考えられる。つまり、表現の主題は自己の内面や生き方、未来、社会の問題、抽象的概念などを見つめた内容となるのである。

　ヴィゴツキー（Lev Semenovich Vygotsky 1896-1934）は、思春期の子供の興味について、次のように述べている。

　思春期は、自分自身への高まる興味によって特徴づけられます。子どもは、限りなく質問を出していたかつての時のように、ふたたび哲学者、叙情詩人となります。自分自身の体験、〈自我〉の問題が、いまや少年のあらゆる注意をくぎづけにしますが、青年時代になると、これが世界への、客観的現実の根本問題へと拡大し、高揚した興味に取って代わられ、それがこんどは彼の意識をさいなみます。青年の目は広く世界に開かれています。これは、彼の人間的本質の高度の成熟を意味します[14]。

　発達に伴うこのような意識の変化は、美術の造形表現活動の経験に対する価値評価にも影響を及ぼすと考えられる。表現することや活動自体の意味を問うようになり、経験の質的な変化をもたらすのである。

第3節 学校教育としての美術科教育

|1| 多様な美術教育

　芸術教育は、文学や音楽、美術、演劇、舞踊の表現や鑑賞による美的体験によって人間形成を図る教育であり、美術教育は芸術教育の一つである。創造的な表現活動を通して人間形成を目指す美術教育には、二つの側面がある。一つは「美術による教育」、すなわち美術を学ぶことを通じて人間形成を図るとする考えであり、他は「美術の教育」、すなわち美術に関わる知識や技能を学ぶことである。

　一般に美術教育という語からイメージされるのは、小・中学校における図画工作・美術科の授業であろう。しかし、美術教育は学校教育だけで行われるのではない。美術教育は、学校教育以外にも生涯学習施設における社会教育や通信教育、放送番組の視聴、民間教育機関・事業者による絵画教室や美大受験のための予備校、研究所など広範に存在する。例えば、美術館・博物館の
10　教育普及活動では、講座、講演会、ワークショップ、鑑賞教室（ガイドツアー・ギャラリートークなど）の開催や美術館職員による学校への出前授業などが行われている。このような美術館・博物館の教育普及活動は、地域の学校教育との連携を密接にしながら学校教育を補完する役割を果たしている。また、NPO等の民間団体も現代の多様なニーズに対応し、子供から大人まで幅広い年齢層を対象にした教育的実践を企画・実施している。学校教育との関わりでは、図画工作・美術科や総合的な学習の時間に、美術家、音楽家などアーティストを招聘し、教員との協働によるワークショップ型授業をコーディネートするなど、その需要は今後も高まると考えられる。

　いずれの美術教育も、基盤の違いから、内容や対象、活動範囲は異なるが、アートの多彩な活動を展開することで現代の多様なニーズに対応し、美術教育の普及と浸透に寄与しているのであ
20　る。

|2| 公教育としての美術科教育

　美術科教育は、美術教育の中でも、学校教育制度の枠組みにおいて、普通教育として実施されるものである（図1）。教育基本法第六条により、「法律に定める学校は、公の性質を有する」ことが定められている（学校教育法第一条に定める学校とは、「幼稚園、小学校、中学校、義務教育学校、高等学校、中等教育学校、特別支援学校、大学及び高等専門学校」である）。学校教育として行われる美術科教育は、公教育として、一定の教育水準及び教育の政治的中立性（教育基本法第十四条二項）、宗教的中立性（教育基本法第
30　十五条二項、私立学校を除く）が確保されなければな

図1 美術科教育の位置付け

らない。美術科教育には、幼稚園（表現）、小学校「図画工作」、中学校「美術」、高等学校「芸術科美術」が含まれる。幼稚園（表現）及び高等学校の芸術科美術Ⅰ・Ⅱ・Ⅲを除いた義務教育段階の「図画工作」「美術」は、小・中学校教育課程の必修教科であり、全ての子供が無償で享受できる美術科教育である。

　学校教育は、学校、家庭及び地域住民等がそれぞれの役割と責任を自覚し、連携・協働して地域全体で取り組む必要がある。そのために学校は、運営や教育活動に関する情報（教育課程、教育活動の様子など）を保護者や地域住民に積極的に公開し、共通理解を得るために「説明責任」を果たしていくことが求められている。美術教員も教科の目標や内容、指導の方法、評価の在り方について、保護者から学校に問い合わせがあれば、必要な情報を公開して説明責任を果たし、美術科教育に対する信頼を築いていかなければならないのである。

　一方、学校教育とは異なる文脈によって実施される美術教育は、保護者の経済力や各家庭、個人の芸術文化に対する意識の相違、文化施設等の地域間格差などの影響を受けることになる。特定のニーズや需要に応える美術教育プログラムは、主催団体によって実施対象や目的が異なり、内容や指導法も様々である。学校教育と違って、全ての子供に美術教育を受ける機会が保障されているわけではない。このことからも、義務教育９年間の美術科教育が果たす役割と意義は大きいといえよう。

　図画工作・美術科は、美を生み出す「技術」と「創造性」を育む教科である。学習活動を通して全ての子供に、豊かな「美術との出合い」の経験をつくることがその役割である。

｜3｜　美術科教育と学習指導要領

　学校教育は、日本国憲法、教育基本法、学校教育法など、教育の普遍的理念や学校教育制度について定めた法律、教育関係法規に従い（「法律主義」）、地方教育行政の指導の下に行われる。学校は、教育基本法が定める「（教育の目的）第一条」、「（教育の目標）第二条」、学校教育法第二十一条（義務教育の目標）を受けて、自校の掲げる教育目標の達成を目指して教育活動を行うのである。学校における教育活動は、教育関係法規として地方自治体の教育委員会の定める規則などを踏まえ、学習指導要領の定める基準に従って編成する教育課程によって実施される。教育課程とは、「教育課程に関する法令（教育基本法や学校教育法など）に従い、各教科等の目標やねらいを実現するよう教育の内容を授業時数との関連において総合的に組織した各学校の教育計画」である。

　美術科教育は、教育課程の枠組みの中で、教科の目標を具現化することを目指して行われる。教育課程編成の基準である学習指導要領は、法令の委任による法的拘束力をもつものである。学習指導要領の法的根拠は以下の通りである。

学校教育法（昭和二十二年法律第二十六号）
第四十八条　中学校の教育課程に関する事項は、第四十五条及び第四十六条の規定並びに次条において読み替えて準用する第三十条第二項の規定に従い、文部科学大臣が定める。
（小学校については第三十三条、高等学校については第五十二条）

学校教育法施行規則（昭和二十二年文部省令第十一号）
第七十四条　中学校の教育課程については、この章に定めるもののほか、教育課程の基準として文部科学大臣が別に公示する中学校学習指導要領によるものとする。
（小学校については第五十二条、高等学校については第八十四条）

　学習指導要領が各教科の目標や内容を大綱的に示しているのは、公教育として全国的に一定の教育水準と教育の中立性を確保し、教育内容や授業時数に対する地域及び学校間格差が生じないようにするためである。学習指導要領に示す各教科等の内容は、原則としていずれの学校においても取り扱い、全ての児童生徒に指導して内容の確実な定着を図ることが求められている。特に必要がある場合には、学習指導要領に示されていない内容も加えて指導することができるが、各教科の目標や内容の趣旨を逸脱したり、児童生徒の過重負担になったりすることがないようにしなければならない（学習指導要領の「基準性」、小学校総則第2、中学校総則第2、高等学校総則第6款）。指導計画の作成、授業の実施にあたっては、学校教育に関わる法令はもとより、校種に応じた「学習指導要領」「学習指導要領解説」の内容を十分に理解し、明確な根拠に基づく学習指導や評価を行うようにする。

｜4｜　美術科教育の目標の達成

　学校教育である美術科教育で身に付ける資質・能力は、児童生徒の発達段階を考慮し、教科の目標として各校種の学習指導要領に明示されている。小学校図画工作科及び中学校美術科は、教育課程の必修教科であり、全ての児童生徒が教科の目標を達成することを目指して教育活動を行うものである。これは、美術が好きな者や美術に興味のある者だけが学習をすればよいということではなく、「美術が嫌い」という児童生徒に対しても、目標の達成を目指した適切な指導を行わなければならないことを示している。

　教育基本法第六条二項には、「前項の学校においては、教育の目標が達成されるよう、教育を受ける者の心身の発達に応じて、体系的な教育が組織的に行われなければならない。この場合において、教育を受ける者が、学校生活を営む上で必要な規律を重んずるとともに、自ら進んで学習に取り組む意欲を高めることを重視して行われなければならない」とあり、教育を行う側である学校と教育を受ける側である児童生徒の在り方が定められている。美術科教育を行うにあたって、全ての児童生徒が主体的に創造的な表現活動に取り組み、教科の目標を達成することができるよう、指導の工夫・改善を図る努力が必要である。

｜5｜　多彩な内容と様々な展開の可能性

　およそ10年をめどに改訂される学習指導要領は、10年後の社会変化を予想し、次代を担う児童生徒に求められる資質・能力の育成を期して、各教科の目標や内容の見直しを行っている。2017・18（平成29・30）年改訂の学習指導要領における美術科教育の内容は、次の通りである。

【小学校図画工作科】A 表現（造形遊び、絵や立体、工作）、B 鑑賞、共通事項

【中学校美術科】A 表現（絵や彫刻、デザインや工芸）、B 鑑賞、共通事項

【高等学校芸術科美術】A 表現（絵画・彫刻、デザイン、映像メディア表現）、B 鑑賞、共通事項

　この他に、中学校美術科の指導にあたっては、写真・ビデオ・コンピュータ等の映像メディアの積極的な活用や漫画、イラストレーション、図などの多様な表現方法を活用できるようにすることが示されている。漫画やアニメーションは、海外でも高い評価を受ける日本のポップカルチャーであり、教科書にも題材例が掲載されている。写真やコンピュータを活用した映像メディア表現の他に、日本の伝統である墨を使った描画表現や染色、陶芸なども内容に含まれている。

　このように、美術で扱う内容は多彩で、他教科と比較して教材選択の幅が広いことから、教員の工夫を生かした様々な授業展開が可能であることが特徴である。

10

引用・参考文献
第 1 章第 1 節
1)　佐々木健一『美学辞典』東京大学出版会（1995）pp.31-34
2)　竹内敏雄『美学事典』弘文堂（1980）p.486
3)　仲芳樹「芸道思想と芸術教育」『相愛女子大学相愛女子短期大学研究論集』（21）（1973）p.210
4)　前掲書 1) p.31
5)　佐藤賢司「工芸概念の再考と工芸教育（Ⅰ）明治初期の工芸概念形成に関して」『上越教育大学研究紀要』
　　（17-1）（1997）pp.428-431
6)　前掲書 2) pp.211-218
7)　前掲書 2) pp.499-502
8)　シラー／石原達二訳『美学芸術論集』富山房（1977）p.153
9)　前掲書 2) pp.473-474
10) 前掲書 2) p.474
11) 文部科学省『中学校学習指導要領（平成 29 年告示）解説 美術編』p.20
12) 同上
13) 前掲書 2) pp.472-476
14) V. ローウェンフェルド／竹内清・堀ノ内敏・武井勝雄訳『美術による人間形成』黎明書房（1995）pp.51-
　　52
15) ハーバート・リード／宮脇理・岩崎清・直江俊雄訳『芸術による教育』フィルムアート社（2001）p.26
16) 同上 pp.26-27
17) 同上 p.25
18) 同上 p.239

第 1 章第 2 節
1)　長谷川宏『ヘーゲル『精神現象学』入門』講談社（1999）pp.97-138
2)　同上 pp.97-104
3)　エドムント・フッサール／長谷川宏訳『経験と判断』河出書房新社（1975）p.376
4)　山本正男監修　石川毅編集『美術教育の現象』玉川大学出版部（1985）p.26
5)　井島勉『美術教育の理念』光生館（1969）pp.98-99
6)　同上 p.101
7)　同上 p.100
8)　エリオット W. アイスナー／仲瀬律久他訳『美術教育と子どもの知的発達』黎明書房（1986）p.22
9)　ボルノー／浜田正秀訳『人間学的にみた教育学』玉川大学出版部（1969）pp.177-179
10) 高橋勝『経験のメタモルフォーゼ〈自己変成〉の教育人間学』勁草書房（2007）
11) 前掲書 9) p.186
12) J. デューイ／河村望訳『民主主義と教育』人間の科学社（2000）pp.188-189
13) 同上 p.195
14) ヴィゴツキー／柴田義松・宮坂琇子訳『ヴィゴツキー教育心理学講義』新読書社（2005）p.55

写実的に描くのを妨害する言語能力

女子美術大学　前田基成

記号的な見方と洞窟壁画

　ノンフィクション・ライターの山本美芽はある公立中学校の美術教師を 2 年間密着取材して、その記録を『りんごは赤じゃない』（2005）に著している。「りんごは赤じゃない」というのは、その美術教師が子供の先入観をなくすときに投げ掛ける言葉だという。本物のりんごはすべて同じような赤色とはいい難いのに、子供たちにりんごの絵を描いてもらうと、りんごを赤く塗る。それは「りんごはこんな形をしていて、赤い色をしている」というイメージをもっているからである。そのイメージを払拭するための言葉が「りんごは赤じゃない」である。

　人間は外界を知覚するときに記号的なものの見方をしている。例えば図 1 は記号を羅列したものに過ぎないが、メールなどでは顔として用いられる。また図 2 はドラクラ・ギガスという蘭の一種であるが、サルの顔に見えてしまう。これは、人間は「顔というのは、こういう形をしている」というイメージをもっており、何かを見たときにそれを当てはめるから、記号の羅列や蘭の花が顔に見えるのである。これを記号的なものの見方という。

図1　人の顔か記号の羅列か　　　　　図2　ドラクラ・ギガス

　今から約 1 万 5000 年前～ 2 万年前に描かれたとされるラスコーやアルタミラの洞窟壁画からも、当時の人が記号的な見方をしていたことが分かる。というのは、絵が描かれている洞窟の壁は平面ではなく、凹凸や亀裂がある箇所が多い。図 3 はアルタミラの洞窟の天井に描かれた壁画であるが、壁面の凹凸を動物の体の一部に見立て、足りない描線を補い、動物の絵を完成させている。このように、壁の凹凸など曖昧な形の中に自分のイメージを見立て、足りないものを補ったのが絵画の起源らしい。

　壁面の凹凸を利用して動物の絵を描こうとすると、まず凹凸を見て動物をイメージできなければならない。これをカテゴリー化という。このとき使うのが、「あっ！動物に似ている！」という言語である。つまり、人間は言語を獲得したことによってカテゴリー化、すなわち記号的な見方ができるようになり、記号の羅列や蘭の花が顔に見えるようになった。

図３　凹凸を利用して描かれた水牛の絵

言語の獲得と引き換えに失ったもの

　このように、人間は言語を獲得することによって、目の前にないものをイメージできる能力を手に入れ、記号的な見方ができるようになった。ただし、生物は進化の過程で新しい能力を獲得することによって、それまでもっていた別の能力を失うこともある。例えば、人間は四足歩行から直立歩行になり、脊椎が重い脳を支えることが可能になったことで、脳が発達した。しかし、胎児の脳も大きくなったことで難産になり、頭がまだ小さいうちに産まれる生理的早産になった。このことで、未熟な状態で誕生することになり、生存可能性が低下することになった。

　それでは、人間は言語を獲得することで何を失ったのだろうか。それは、写実的にものを描く能力ではないかと考えられる。では、どうして、そう考えられるのか。それを説明すると次のようになる。

　ドイツの生物学者ヘッケル（Ernst Haeckel 1834-1919）は「個体発生は系統発生を繰り返す」という反復説を提唱した。個体が成長・発達するうえでどのような経過をたどるか（個体発生）は、その生物の祖先が膨大な時間をかけてどのような過程をたどってきたか（系統発生）を短い時間で再現するという考え方である。これを少し拡大解釈すると、二足歩行→道具を使う→言葉を話す→知的な発達という子供の発達の過程は、膨大な人類の歴史を繰り返す過程であるともいえる。例えば、幼児期の子供が示す幼児心性という心理的な特徴がある。全てのものには生命が宿ると考えるアニミズムは幼児心性の代表であるが、これは古代人の原始心性（現在でも地鎮祭や鍬入れ式などに名残が見られる）とよく似ている。幼児期は人類の歴史でいうと古代人といったところだろうか。

　このように幼少期は、人類の歴史でいえば太古の昔の人類にあたることになる。従って、言語を獲得する以前の子供を調べれば、言語を獲得する以前の我々の祖先のことを推測できるかもしれないということになる。

サヴァン症候群

　ここで参考になるのが、自閉症の子供である。自閉症の子供は言語の発達が遅れるので、言語を獲得する前と後の自閉症の子供を調べれば何か分かるかもしれない。自閉症の子供の中にはサヴァン症候群といって、全体的な発達は遅れているにもかかわらず、ある特定の能力だけ顕著に優れている子供がいる。代表的な研究例がナディアという子供の症例である（Lorna Selfe 2011）。

　4歳のときに重度の知的障害、8歳のときに自閉症と診断されたナディアは言葉を話すことができないものの、著しく絵画の能力が発達した絵画サヴァンだった。記録によると、6歳のとき話すことができる単語は10個くらいで、言葉を話すことはほとんどなかったものの、描画には特異な才能を示していた。

　ナディアは普通の子供に見られる、いわゆる「なぐり描き」の段階を経ず、3歳のときから絵を描き始めたが、その絵にはとても幼児とは思えない写実性が見られた。動物、特に馬の絵を多く描いているが、普通の幼児が描く馬の絵とは全く違っていた。一般的に幼児が描く馬は、真横から見た構図で左を向いた馬である。平面的で馬に動きはないのが普通である。ところが、ナディアの描く馬は斜め前方からの構図で描かれ、遠近法を用いたといってもいいくらい写実的で、走っている様子が生き生きと伝わってくる絵だった。

　しかし、言語訓練が進み言語が獲得されていくが、徐々に「子供っぽい」絵になっていく。9歳のときに描いた人物画は、顔は斜め正面から見たやや写実的なものであるが、首から下は普通の子供が描く記号的な絵で、両手は漫画の「ドラえもん」のように丸で表されていた。さらに訓練が進み、12歳のときには話すことができる語彙も200〜300語に増加し、言葉によるコミュニケーション能力は獲得されたが、幼児が描くような記号的な絵になってしまい、さらに絵を描く時間も少なくなってしまった。

　この例から次のようなことが考えられる。ナディアが写実的に描けたのは、言語能力が不自由だったからではないか。言語の能力が発達していたら、対象物を「何か」として見る記号的な見方をしてしまい、頭の中にある「何か」のイメージの影響を受けるので写実的には描けない。幼いナディアが言語を獲得していく過程が、人類の歴史を繰り返しているのだとしたら、洞窟壁画の頃はまだ言語がそれほど発達しておらず、人間は描画の能力が高かった。しかし、その後、言語が発達していくに伴い、描画能力を喪失していった。ちなみに、ナディアのような絵画サヴァンの例は、何例も報告されているが、いずれも言葉が遅れた子供である。普通に言葉を話す子供では、そのような例は見られないという。

　現代人の多くは訓練を受けないと、デッサンのように写実的に描くことは困難である。それは図1を顔に見立てるような記号的な見方をしているからである。したがって写実的に描こうとするときには、そのような記号的な見方を一時的に抑制する必要がある。こう考えると、デッサンは手技的なトレーニングに見えるが、むしろ記号的な見方を抑制して直観的な見方でものを見る認知的な訓練であるのかもしれない。

参考文献

Lorna Selfe（2011）. *Nadia Revisited：A Longitudinal Study of an Autistic Savant*. New York and London：Psychology Press.

山本美芽『りんごは赤じゃない　正しいプライドの育て方』新潮社（2005）

第2章　美術科教育の変遷

|1| 近世日本の教育

　今日、美術は、美を生み出す「技術」と「創造性」を育む教科として義務教育に定着しているが、国民が広く描画の方法を習うようになったのは、近代教育制度が成立した明治以降である。それまで近世日本の教育は、江戸時代の士農工商の身分制に従って、階層による区別の下に行われていた。明治の中等・高等学校の母体となる藩校の学問には、儒学・礼儀・歴史・天文・数学・地図・和歌・音楽などがあり、武芸では、剣術・槍・柔術・兵学・鉄砲・馬術などが教授された。これらは武士に必要とされた文武の教養である。また、庶民の私設の教育機関である寺子屋では、手習師匠が寺子（生徒）に実生活で必要な読み、書き、算盤を教えた。徒弟制度によって絵や版画の技術を習得することや画塾は存在したが、一般に描画の方法を学ぶ価値や必要性が認められていたとはいえない。明治以降の普通教育に図画教育が取り入れられ、教科として国民が学ぶようになったのは、どのようなねらいからであろうか。

|2| 西洋画の模倣と鉛筆画の時代

　日本の近代教育制度は、1872（明治5）年の学制公布から始まる。学制では、小学校（下等4年、上等4年）を基本とした中学校、大学の三段階の学区制を採用し、学校教育制度の普及を目指した。普通教育に取り入れられた図画教育は、補助教科的役割で、上等小学の教科に「幾何学大意」「罫画大意」、下等中学の教科に「画学」、上等中学に「罫画」がある。西洋の科学技術を取り入れ、近代工業の発展と富国強兵策を進める明治政府が目指したのは、図画教育を通した労働者の目と手の技術的・実用的な訓練であり、「製図」「地図」などの技術者を養成することであった。

　図画教育の内容は、鉛筆による線画で、実物を見て描くのではなく、器物、建物、風景、植物などの「臨本」を使用して書き順通りに模写し、添削を受ける「臨画」である。体系性を備え、理にかなった西洋画に倣って、幾何学的な直曲線の練習から面、立体、陰影と複雑なもの、応用的なものに段階的に進み、投影画法、透視図法が取り入れられた。西洋の技法について鉛筆を用いて学ぶことから、この時期は「鉛筆画の時代」と呼ばれているが、当時の学校では石盤（石板）が多く用いられ、日本での鉛筆国内生産による普及が始まるのは明治10年頃からである。

　明治初期の主要教科書として、イギリスの画学書を翻訳した川上 寛（川上冬崖 1827-1881）編訳の『西画指南』（1871）、『図法階梯』（東京開成学校発行 1872）、『小学画学書』（山岡成章編 文部省 1873）がある。『小学普通画学本』（宮本三平編 1878）は、大部分が日本の題材（花、果実、野菜、魚介、昆虫、台所道具、農業用具、橋、人力車など）を扱っており、細密な描写で広く使用された。

年	事項	美術教育・教科書
1856（安政 3）年	・蕃書 調 所（→開成所→大学 南校→東京大学《1877》）	・欧米各国の語学、理化学の研究 ・川上寛（川上冬崖）による西洋画の研究が始 まる
1871（明治 4）年	・文部省設置	・画塾がつくられる。川上冬崖「聴香読画館」 （1869）。最初の図画教科書『西画指南』 （1871）。高橋由一「天絵学舎」（1873）
1872（明治 5）年	・学制公布、学校制度の体系を 示す	・上等小学「幾何学大意／罫画大意」（土地の 事情によっては「図画」を加えうる）、上 等・下等中学「図画」 ・鉛筆画による「臨画」、『図法階梯』（1872） 『小学画学書』（1873）
1876（明治 9）年		・工部美術学校創設、画学科教師フォンタネー ジ招聘（1876）

│ 3 │ 　日本美術の復興と毛筆画の時代

　明治初期の文明開化の思潮は次第に衰退し、明治 10 年代には伝統を尊重する復古思想が盛んになった。1879（明治 12）年、元田永孚が『教学聖旨』を著し、国民教育の根本精神として仁義忠孝の道を明らかにするとともに、儒教的な道徳教育（「修身」を重視）や皇国思想が文教政策の中核となっていく。1889（明治 22）年、「大日本帝国憲法」の発布によって、法律によらず勅令をもって教育行政が実施されることになる。1890（明治 23）年発布の教育勅語は、戦前の日本における教育理念、精神的支柱として重要な役割を果たしていくことになる。

　国粋主義の台頭とともに図画教育でも、鉛筆画に反対して毛筆画が奨励されるようになる。文部省は 1884（明治 17）年に「図画教育調査会」、1885（明治 18）年には、日本絵画や教授法を調査するために図画取調掛を設置した。図画取調掛の委員であったフェノロサ（Ernest Francisco Fenollosa 1853-1908）と主幹の岡倉覚三（岡倉天心 1863-1913）は、伝統的な日本美術の復興運動を起こした。フェノロサは、日本美術の収集、日本古画の研究から、「日本画」の優れた点を油絵と比較して論じ、その演説をまとめた小冊子が『美術真説』（1882）である。日本固有の画を「日本画」と呼称するようになったのは、『美術真説』からである。

　図画取調掛は、その後 1887（明治 20）年に東京美術学校と改称され、1889 年に開校した。教員に、巨勢小石、川端玉章らがいる。1890 年には、岡倉覚三が校長に就任し、東京美術学校卒業生は、図画教員として毛筆画教育を広めていった。普通教育の図画の手本として、1888（明治 21）年頃から教科書に毛筆画が導入されるようになり、以後明治 30 年代半ば頃まで「毛筆画の時代」を迎えた。

　毛筆画教科書として、『小学毛筆画帖』（巨勢小石 1888）、『臨画帖』（植田竹次郎 1889）、『帝国毛筆新画帖』（川端玉章 1894）などがある。毛筆画の手本を描いたのは、当時活躍していた日本画家で、筆順通りに模写する臨画教育であった。

　毛筆画優勢の図画教育に対して、川上冬崖の指導を受けた小山正太郎らは、これまでの鉛筆画を支持し、写実描写を主張した。教育界では図画教育観の違いから、明治 20 年代から 30 年代まで鉛筆画・毛筆画論争が続くことになる。

年	事項	美術教育・教科書
1878（明治 11）年		・『小学普通画学本』（1878） ・フェノロサ来日、東京大学文学部教師に就任（1878）
1879（明治 12）年 1880（明治 13）年 1881（明治 14）年 1885（明治 18）年 1886（明治 19）年	・教育令公布（学制廃止） ・改正教育令公布 ・小学校教則綱領公布 ・内閣制度創設、初代文部大臣に森有礼 ・学校令（小学校令、中学校令等）公布。尋常小学校 4 年卒業までの就学を義務教育化、教科書検定制度創設	・小学校中等・高等科で「図画」が必修教科となる（1881） ・フェノロサ『美術真説』（1882） ・文部省が「図画教育調査会」（1884）、図画取調掛（1885）を設置、両委員にフェノロサ、岡倉天心が任命される ・高等小学校で「図画」必修、「手工」は随意で加設科目。工作教育始まる（1886） ・図画取調掛が東京美術学校と改称（1887） ・『小学毛筆画帖』（1888）
1889（明治 22）年 1890（明治 23）年	・大日本帝国憲法発布 ・教育勅語、第二次小学校令公布、尋常小学校・高等小学校の二種。尋常小学校は義務教育、修業年限は 3 年または 4 年	・『臨画帖』（1889）、東京美術学校開校（1889） ・尋常小学校「図画」「手工」が随意科目、高等小学校「図画」が必修科目となる（1890） ・『帝国毛筆新画帖』（1894）

｜ 4 ｜　教育的図画と鉛筆画・毛筆画並立の時代

　1902（明治 35）年、文部省に「普通教育ニ於ケル図画取調委員会」が設置され、普通教育における図画教育の在り方が検討された。委員に正木直彦、黒田清輝、白浜 徴、小山正太郎らが任命されている。1904 年に出された報告書では、今後の図画教育の方向性として、鉛筆、毛筆の区別をしない方針が示されたが、鉛筆画と毛筆画の並立はその後も続いた。

　1903（明治 36）年、小学校令一部改正で国定教科書制度が確立する。教科書は、1872 年の学制公布後、自由発行、自由採択制であったが、1881 年に開申制、1883 年認可制、1886 年検定制度へと改められている。文部省が教科書の著作権をもつ国定制度への移行は、教科書採択をめぐる贈収賄が摘発された「教科書疑獄事件」（1902）を機に実行された。1904 年から翌年にかけて発行された国定教科書、鉛筆による『尋常小学鉛筆画手本』『高等小学鉛筆画手本』と毛筆による『尋常小学毛筆画手本』『高等小学毛筆画手本』がそれぞれ発行され、鉛筆画、毛筆画の選択は各学校の採択に任されたのである。

　1907（明治 40）年、小学校令（第五次）改正により、義務教育が 6 年制になったことに伴い、国定教科書の改訂が行われた。1909 年から 10 年にかけては、『尋常小学鉛筆画帖』『尋常小学毛筆画帖』『尋常小学新定画帖』、1912 年から 13 年には、『高等小学鉛筆画帖』『高等小学毛筆画帖』『高等小学新定画帖』が発行されている。

　『新定画帖』（『尋常小学新定画帖』『高等小学新定画帖』）は、毛筆画、鉛筆画をともに取り上げることで、これまでの区別を解消した教科書である。初歩段階では鉛筆を多く使い、色鉛筆を使用した色彩画が取り入れられた。段階が進むと次第に毛筆を多くし、5 年生からは水彩絵の具を使わせた。また、低学年では子供が思ったことを描く記憶画、高学年では写生を重視するなど

10

指導内容の体系化を図り、絵画だけでなく、図案（模様の組立）、色彩、構図法、製図等を導入し、児童の心理的発達を配慮した題材を配置している。これにより教育的図画が実現し、『新定画帖』は、図画教科書として『尋常小学図画』（1932《昭和7》年）の発行まで22年間使用された。編纂者は、正木直彦、白浜徴、小山正太郎、上原六四郎、阿部七五三吉である。

年	事項	美術教育・教科書
1900（明治33）年	・小学校令改正（第三次）尋常小学校を4年制に統一、義務教育として無償化	・尋常小学校「図画」随意、高等小学校「図画」必修となる（1900） ・私立女子美術学校創立（1900）
1902（明治35）年	・教科書疑獄事件	・文部省「普通教育ニ於ケル図画取調委員会」設置（1902）同報告書（1904）
1903（明治36）年	・小学校令一部改正 ・国定教科書制度の確立	・国定教科書『尋常小学鉛筆画手本』『高等小学鉛筆画手本』『尋常小学毛筆画手本』『高等小学毛筆画手本』発行（1904-5）
1904（明治37）年		
1907（明治40）年	・小学校令改正（第五次）、義務教育（尋常学校6年制）	・尋常小学校「図画」必修となる（1907） ・国定教科書『尋常小学鉛筆画帖』『尋常小学毛筆画帖』『尋常小学新定画帖』（1909-10）
1910（明治43）年		・『高等小学鉛筆画帖』『高等小学毛筆画帖』『高等小学新定画帖』（1912-13）

| 5 | 自由画教育の時代

　『新定画帖』は、画期的な教科書であったが、学校現場ではその趣旨が十分に生かされず、大正期になっても依然、臨画教育が続いていた。版画家・洋画家であった山本鼎（かなえ）（1882-1946）は、手本に頼って臨画教育を続ける教師の姿勢を批判し、臨本の排斥と児童の直接な表現による風景写生や記憶・想像画による「自由画」を提唱した。山本は、フランス留学の帰途、モスクワに滞在した際に見たロシアの児童画と農民美術の力強さに感銘を受け、帰国後の1918（大正7）年、長野県神川村（かんがわ）神川小学校で児童の「自由画」を奨励する講演を行った。多くの教師の賛同を得た講演の翌1919年には、第1回児童自由画展を同校で開催、新聞紙上でも紹介され、図画教育を改革する運動を推進していった。創造主義に基づいた自由画教育運動は、当時、1910年代から20年代に発展した大正デモクラシー（民本主義、吉野作造）と自由主義的な運動、風潮もあり、全国的に普及し盛り上がった。1920年代は、19世紀末にイギリスで始まった新教育運動が日本にも伝わり、児童中心主義、自由主義の考えに基づく学校の創設や児童文学、童話誌（鈴木三重吉主宰『赤い鳥』）の創刊など自由教育運動が起こった。

| 6 | 自由画教育運動の衰退と終焉

　山本鼎の提唱する自由画教育は、臨本の教科書使用を拒否して、子供の自由な創造に任せる方法を主張するものであったことから、図画教育の本質論、方法論や指導の必要性を訴える批判も起きた。岸田劉生（りゅうせい）は、『図画教育論』（1925）において、徳育を目的とした図画教育の具体的方法として、自由画法の他に鑑賞や模写、素描の技術指導の有効性を示している。
　自由画教育は、現場の教師にとって具体的なカリキュラムや指導方法が示されないこともあ

り、再び教科書による教育に戻るなど、次第に勢いをなくしていった。1928（昭和3）年には、山本自らが『学校美術』誌に自由画教育を打ち切る談話を出すが、自由画教育は従来の臨画教育を脱し、子供の創造性を尊重する美術教育の基礎を築いたのである。山本は、1921（大正10）年から自由学園の美術教師を長く務め、クロッキー、素描、工芸、鑑賞批評など生徒との対話を重視した指導法を実践している。

| 7 | 昭和初期の図画教育

| 「想画」教育

　昭和初期には、子供に日常生活の出来事や身の回りのものに心を向けさせ、観察を基に自由に描く「想画（生活画）」の優れた実践が見られる。島根県仁多郡馬木小学校の青木實三郎（1885-1968）は、自由画教育運動以前の明治末期から美術教師として図画教育に取り組み、独自に「想画」教育を確立した。青木は、『新定画帖』にある臨画の教材に、人物や草木などを描き加えて創作した「改作画」を指導していたが、これをさらに発展させ、児童が日常の生活を観察し自由な解釈で描く「想画」の描画法に到達する。青木による「想画」の指導法は、児童が農山村の日常生活、遊びや行事などを観察して題材を自由に決め、スケッチやクロッキーで写生した後、構図・構成を考えて制作するというものであった。馬木小学校児童の「想画」作品は、児童画展でも高い評価を受け、青木の図画教育論は『農山村図画教育の確立』（1935）として出版された。同時期に三重県伊勢市早修小学校の中西良男（1899-1988）による想画の実践があり、著書は『想画による子供の教育』（1932）である。この他に山形県北村山郡長瀞尋常高等小学校の佐藤文利（図画）、国分一太郎（綴り方）、東海林隆夫（綴り方）の想画教育の実践があり、多くの貴重な資料が残っている。

| 構成教育

　ドイツのバウハウスに1927（昭和2）年から1929（昭和4）年まで留学した水谷武彦（1898-1969）は、帰国後に構成教育を伝えた。構成教育は、ヨハネス・イッテン（Johannes Itten 1888-1967）が1919年から1923年まで勤めたバウハウスの「予備課程」で行った造形教育実践（造形要素の構成練習、素材の体験など）が始まりである。川喜田煉七郎（1902-1975）は、1932（昭和7）年に新建築工芸学院を設立し、教育活動や論文発表によって構成教育を広めた。1934（昭和9）年、川喜田煉七郎、武井勝雄共著の『構成教育大系』が出版され、図画教育における構成教育の指導書として色彩練習、明暗練習などの具体的指導法が示された。

| 第三期国定教科書

　文部省は、1932-1934（昭和7-9）年に第三期国定教科書となる『尋常小学図画』、1935・1936（昭和10・11）年に『高等小学図画』を発行した。これまでの教科書との違いは、「児童の観察・表現・鑑賞の能力の育成」や「児童の性能を自由に伸ばす」ことを目指していることで、自由画教育運動の影響をみることができる。また、低学年から行われていた臨画が高学年からとなり、児童の自由な表現を認めて、観察による写生画、思想画（生活画・想像画）、図案、ポスター、鑑賞などが取り入れられた。指導法においても色鉛筆に代わってクレヨンあるいは水彩絵の具を使用することになっている。

年	事項	美術教育・教科書
1917（大正6）年	・臨時教育会議の設置、教育制度改革	・「自由画」とクレヨンの普及（1917頃から）
1918（大正7）年	・大学令の制定、高等、中等教育機関の拡張	
1919（大正8）年		・第1回児童自由画展（長野県神川村神川小学校 1919）
1925（大正14）年		・岸田劉生『図画教育論』（1925） ・高等小学校手工科必修となる（1926）
1932（昭和7）年		・第三期国定教科書『尋常小学図画』発行（1932-1934） ・中西良男『想画による子供の教育』（1932）
1934（昭和9）年	・文部省による教学刷新、思想局の設置	・川喜田煉七郎、武井勝雄『構成教育大系』（1934）
1935（昭和10）年	・文部省「教学刷新評議会」設置	・『高等小学図画』（1935・1936） ・青木實三郎『農山村図画教育の確立』（1935）

| 8 | 戦時下の図画教育

　文部省は、大正末期から盛んになった学生運動に伴う思想問題に対応し、国民の思想を国家主義的に統一するため、1934（昭和9）年に思想局、1935（昭和10）年には「教学刷新評議会」を設置した。1941（昭和16）年には、北海道旭川師範学校の熊田満佐吾（くまたまさご）が美術部を中心に行った「生活画教育」の実践に対して、「危険思想の啓蒙（けいもう）」を理由に治安維持法（1925年制定、1941年改正）違反で、熊田や学生が検挙された「生活図画事件」が起きている。

　「国民学校令」の公布（1941）により、小学校は国民学校に改編され、8年間（初等科6年、高等科2年に1944年度から実施予定）の義務教育となった。同年12月からの太平洋戦争により、教育は全て国家主義の戦時体制の下、皇国民の育成を目標とした教育内容となったのである。皇国民としての基礎的錬成のために教科は再編成され、「図画」「手工」は芸能科に統合、「芸能科図画」「芸能科工作」と改められた。初等科第1・2学年の「芸能科図画」では、図画と工作が統合された内容となっている。

　第四期国定教科書として、『エノホン』（初等科第1・2学年用《1941》）、『初等科図画』『初等科工作』（初等科第3年から6学年用《1942-1943》）、『高等科図画』『高等科工作』（1944）が発行された。教師用『エノホン』には、「グンカン」「スイヘイサン」など戦時的な教材に対して、海軍に興味をもたせるために海軍記念日（5月27日）に関連して扱うことなどが示されている。芸能科工作では、初等科高等科を通じて、物品の制作や機械器具の操作、分解、組立、修理、製図などの教材を扱い、戦争と軍需産業に役立つ技能の養成が目指された。

年	事項	美術教育・教科書
1937（昭和12）年	・「教育審議会」の設置。学制の改革と教学の刷新	
1938（昭和13）年	・国家総動員法公布	
1941（昭和16）年	・国民学校令公布。小学校を国民学校に改編	・「芸能科図画」「芸能科工作」が置かれる（1941）
	・文部省教学局『臣民の道』発行	・工作は初等科において必修となる
	・中等教科書国定化	・「生活図画事件」（1941）
1943（昭和18）年	・中等学校令公布	・第四期国定教科書『エノホン』発行（1941）
1944（昭和19）年	・学徒勤労令、女子挺身勤労令公布	・『初等科図画』『初等科工作』発行（1942-43）
1945（昭和20）年	・決戦教育措置要綱決定、国民学校初等科を除き授業を停止	・『高等科図画』『高等科工作』発行（1944）
	・戦時教育令公布	
	・ポツダム宣言受諾、敗戦	

引用・参考文献
・文部省『学制百二十年史』ぎょうせい（1992）
・宮脇理、花篤實編著『美術教育学』建帛社（1997）
・金子一夫『美術科教育の方法論と歴史』中央公論美術出版（2003）
・青木實三郎『農山村図画教育の確立』繁明書房（1982）
・上野浩道『日本の美術教育思想』風間書房（2007）
・藤澤英昭、水島尚喜編『図画工作・美術教育研究 第三版』教育出版（2010）

第2節 戦後の美術科教育と学習指導要領の変遷

　1946（昭和21）年日本国憲法公布、1947（昭和22）年教育基本法、学校教育法公布によって、公教育の原理や教育の理念が示され、9年間の義務教育制度、6・3・3・4制の学校体系が確立する。教育課程もこれに基づいた改革が進められ、「学校教育法施行規則」の公布（1947）によって、小・中学校に必修教科「図画工作」が設置される。戦後の混乱時は、墨塗り教科書（『エノホン』『初等科図画』『初等科工作』『高等科図画』『高等科工作』）が使用されたが、1946年に旧教科書が使用禁止となり、図画工作科では1952（昭和27）年の中学校図画工作科教科書使用開始まで教科書がない状態が続いた。この間、学習指導要領（試案）や文部省による『図画工作科学習資料』（1949）、民間の図画工作の研究団体による各種出版物を基にした指導が行われている。学習指導要領の変遷をたどり、戦後の美術科教育を概観する。

1947（昭和22）年学習指導要領（試案）

10　　1947（昭和22）年、教科課程のための手引きとして最初の学習指導要領（試案）が刊行された。アメリカ教育使節団報告書（第1次1946年、第2次1950年）を基に、従来の修身、日本歴史及び地理を廃止し、「社会科」「家庭科（男女共修）」が新設された。一般編と各教科編があり、図画工作編は、小・中を分けずに1冊であった。図画工作編「はじめのことば」には、「図画工作の指導をする者が心得ていなければならない最もたいせつなことは『図画工作の教育はなぜ必要か』ということである」とあり、重要な点として、「1 発表力の育成」「2 技術力の養成」「3 芸術心の啓培」「4 具体的、実際的な活動性の助長」について説明している。学習指導法として、「表現の学習」「鑑賞の学習」「両者に関連のある知識の学習」の三つが示され、単元として記憶・想像による描画、写生、粘土、紙工、図案、製図、木竹工、金工、手芸、鑑賞などがある。

1951（昭和26）年学習指導要領　改訂版（試案）

20　　1947年の学習指導要領は、急ごしらえで教科間の関連が不十分などの問題があったことなどから、1951年に改訂版が刊行された。「教科課程」の用語が「教育課程」に改められ、四つの経験領域「学習の基礎となる教科（国語、算数）」「問題解決を図る教科（社会、理科）」「創造的な表現活動を行う教科（音楽、図画工作、家庭）」「健康の保持増進を図る教科（体育）」に分けられた。

　図画工作科では、小学校と中・高等学校用を分けて、図画工作教育の一般目標と小学校、中学校、高等学校それぞれの図画教育の目標を示している。中等教育課程における図画工作教育の一般目標は、「1 生活に必要な造形品を選択する能力を養う」「2 造形品を有効に使用する能力を養う」「3 造形品を創造する力を養う」「4 創造的な表現力を適用する能力を養う」「5 自然のよさや造形品を鑑賞する力を養う」となっており、アメリカの経験主義教育理論を反映して、造形文化の面から生活を明るく豊かに営むことを目指している。指導内容は、小学校では描画、色彩、図案、工作、鑑賞の5項目、中学校では、表現（描画、図案、配置配合、工作、製図）、鑑賞、理解教材、技術熟練教材で構成されている。高等学校は、「芸能科」の選択科目に「芸能科図画」

（「絵画」「彫刻」「図案」「色彩」「図法・製図」「鑑賞」「生活の美化」「美術概論」）と「芸能科工作」（「工芸」「彫刻」「建築」「図案」「色彩」「図法・製図」「鑑賞」「生活の美化」「工芸概論」）が配置された。

▎1958・1960（昭和33・35）年改訂　学習指導要領

　戦後の経験主義に基づく教育に対して、各教科のもつ系統性を重視すべきとの考えや地域による学力差の問題を背景に、文部省は1956（昭和31）年から1966（昭和41）年まで全国学力調査を実施している。このような状況下、1958・1960（昭和33・35）年の改訂では、基礎学力の充実と科学技術教育の向上が目指され、系統的な学習の重視、小・中学校の教育内容の一貫性が図られた。また、「学校教育法施行規則」の一部改正により、学習指導要領の教育課程の基準としての性格が明確に規定され、文部大臣が省令により公示するものと改められた。これにより、学習指導要領は法的拘束力をもつことになったのである。改訂の特色として、算数、理科の内容の充実と授業時数の増加、小・中学校における「道徳の時間」の新設による道徳教育の徹底などが挙げられる。

◆小学校「図画工作科」

　目標の第一に、「絵をかいたり物を作ったりする造形的な欲求や興味を満足させ、情緒の安定を図る」を掲げ、創造主義美術教育の影響をみることができる。内容は、学年によって項目名が変わっているが、絵、版画、粘土（彫塑）、模様をつくる（デザインをする）、いろいろなものをつくる（5・6年は、機構的な玩具、模型の類いをつくる）、鑑賞の六つが柱になっている。

◆中学校「美術科」

　従来の「図画工作科」から、製図など生産技術的な内容を新設の「技術科」に移し、芸術表現的な内容や鑑賞を扱う「美術科」の名称で再編された。内容は、芸術性、創造性を主体としたA表現（絵画、彫塑、デザイン、構成など）、B鑑賞の2領域である。彫塑、デザインの内容が初めて導入され、小学校「図画工作」の内容（彫塑をつくる、模様をつくる、デザインをする）との系統性が図られている。

◆高等学校芸術科「美術Ⅰ」「美術Ⅱ」

　「芸術科」の選択科目に「美術Ⅰ」「美術Ⅱ」が配置され、内容は、A表現（絵画、彫刻、デザイン）、B鑑賞の2領域である。

▎民間美術教育団体による運動

　戦後から1960年代初頭にかけて、それまでの図画教育を改革する民間美術教育団体の活動が盛んになり、学校教育にも重要な影響を及ぼした。1952（昭和27）年、久保貞次郎（1909-1996）や北川民次（1894-1989）ら美術教育家、画家などによる「創造美育協会」が設立され、創造主義による美術教育の実践は全国に広がった。久保は、欧米と日本の児童作品の比較研究（1938）やレイン（Homer Lane 1875-1925）の精神発達段階説やその著作（『親と教師に語る』1928）から、子供の創造力、個性の伸長の必要性と自由な表現による心の解放を訴え、指導する教師の意識変革を求めた。久保は、子供は生来、創造力をもつとし、よい絵の条件として、躍動感、新鮮さ、迫力などがあることを挙げて、非創造的で概念的な絵を批判した。北川も

メキシコでの児童美術教育の経験を基に、抑圧から子供の精神を解放した人間形成としての美術教育を主張した。創造主義美術教育の考え方は、1958（昭和33）年改訂の学習指導要領「図画工作科」の目標にも影響を与えたが、対象の捉え方や表現描写のための具体的指導法がなく、自由放任であるなどの批判もあった。

「新しい絵の会」は、「新しい画の会」（1951年に結成）を前身に、1959（昭和34）年、全国組織として発足した研究団体である。創造美育協会の心理的解放による教育に対して、井出則雄（1916-1986）、箕田源二郎（1918-2000）らは、子供の現実生活を基底に表現活動を捉え、リアリティのある生活画の実践による確かな認識力の形成を目指す美術教育を追究した。毎年開催される全国研究集会では、参加した小・中・高等学校、幼稚園の教員等によって、教科性の確
10 立に関する研究や子供の豊かな感性を育むことを目指した表現主題、教材、指導方法など実践的研究が進められた。

デザイン、工作、造形要素を中心に造形教育を総合的に研究する「造形教育センター」は、バウハウスの創立者で初代校長のグロピウス（Walter Adolf Georg Gropius 1883-1969）の来日を機に1955（昭和30）年に設立された。子供の造形能力の育成を目指した色彩教育、構成教育、デザイン教育などの研究は、1958・1960（昭和33・35）年改訂の学習指導要領に「デザイン」を取り入れる動きとなった。

1968-1970（昭和43-45）年改訂　学習指導要領

戦後復興の時代から日本経済の安定成長によって、国民生活が向上した時期で、教育内容の一層の向上を目指し、科学技術や時代の進展に対応した「教育内容の現代化」が図られた。人間形成の観点から調和と統一のある教育課程の実現を目指した改訂となっている。

◆小学校「図画工作科」

20 「図画工作科」の内容は、領域ごとに整理統合され、A絵画、B彫塑、Cデザイン、D工作、E鑑賞の5領域となり、基本的事項が精選されている。

◆中学校「美術科」

中学校「美術科」の総括目標は、「美術の表現と鑑賞の能力を高め、情操を豊かにするとともに、創造活動の基礎的な能力を養う」であり、そのために絵画・彫塑、デザイン・工芸、鑑賞、生活に生かす態度など四つの具体的目標が示されている。内容は系統性が重視され、A絵画、B彫塑、Cデザイン、D工芸（「図画工作科」の工作が、「美術科」では工芸）、E鑑賞の5領域となった。

◆高等学校芸術科「美術Ⅰ」「美術Ⅱ」「美術Ⅲ」

高等学校「芸術科」は「美術Ⅰ」「美術Ⅱ」に「美術Ⅲ」が加わり、内容は、A絵画、B彫塑、Cデザイン、D鑑賞の4領域である。

1977・1978（昭和52・53）年改訂　学習指導要領

人間性豊かな児童生徒を育てることを目指して、知・徳・体の調和を図り、道徳教育、体育を
30 一層重視した。ゆとりのあるしかも充実した学校生活が送れるように、各教科等の目標・内容を中核的事項に絞り、精選するとともに、標準授業時数の削減が図られた。

◆小学校「図画工作科」

　内容は、従来の 5 領域から A 表現と B 鑑賞の 2 領域にまとめられた。A 表現は、三つの柱でまとめられている。低学年は、新たに加わった「造形的な遊び」、「絵や立体」、「使うものをつくる」、中学年は、「絵」、「立体」、「使うものをつくる」、高学年は、「絵」、「彫塑」、「デザインしてつくる」である。

◆中学校「美術科」

　目標は、「表現及び鑑賞の能力を伸ばし、造形的な創造活動の喜びを味わわせるとともに、美術を愛好する心情を育て、豊かな情操を養う」と整理され、具体的目標はない。内容は、A 表現（絵、彫塑、デザイン、工芸）、B 鑑賞の 2 領域に統合された。

◆高等学校芸術科「美術Ⅰ」「美術Ⅱ」「美術Ⅲ」

　A 表現（絵画、彫塑、デザイン）、B 鑑賞の 2 領域である。

1989（平成元）年改訂　学習指導要領

　心豊かな人間の育成や個性重視の教育の充実を図るとともに、国際理解を深め、我が国の文化・伝統を尊重する態度の育成が重視されている。「新しい学力観」では、情意領域である「関心・意欲・態度」を学力として捉え、社会の変化に自ら対応できる自己教育力の育成を目指すこととなった。小学校第 1・2 学年の社会、理科を廃止し、「生活科」が新設された。

◆小学校「図画工作科」

　低学年の「造形的な遊び」が中学年まで取り入れられ、「造形遊び」の名称に変更された。学年目標・内容が 2 学年ごとにまとめて示され、弾力的な扱いをすることになった。5・6 学年のB 鑑賞では、必要に応じて鑑賞の指導を独立して行うことが可能となり、鑑賞指導の重視が図られている。

◆中学校「美術科」

　目標は「表現及び鑑賞の活動を通して、造形的な創造活動の能力を伸ばすとともに、創造の喜びを味わわせ、美術を愛好する心情を育て、豊かな情操を養う」である。目標、内容が、〔第 1学年〕〔第 2 学年及び第 3 学年〕の二つにまとめて示されている。内容は、A 表現（絵画、彫刻、デザイン、工芸）、B 鑑賞の 2 領域で、「彫塑」から「彫刻」に変更された。B 鑑賞では、日本や世界の文化遺産に対する関心や理解を深める内容が加わり、鑑賞指導の充実が図られている。

◆高等学校芸術科「美術Ⅰ」「美術Ⅱ」「美術Ⅲ」

　A 表現（絵画、彫塑、デザイン）、B 鑑賞の 2 領域である。A 表現の指導にあたって、学校の実態に応じてコンピュータ等の機器の活用を考慮することになった。

1998・1999（平成 10・11）年改訂　学習指導要領

　「ゆとり」の中で「生きる力」を育むことを目指し、基礎的・基本的な内容の確実な定着を図

るとともに、個性を生かす教育の充実に努めることになった。各学校がゆとりの中で特色ある教育を展開することを目指し、小学校第３学年以上の各学年及び中学校に「総合的な学習の時間」が創設された。完全学校週５日制の実施と各教科の教育内容の厳選、年間総授業時数の削減が行われた。

◆小学校「図画工作科」

「造形遊び」が高学年まで拡充し、小学校全学年で実施となる。Ａ表現の内容は、「造形遊び」「絵や立体、工作」に整理された。各学年のＢ鑑賞の指導について、指導の効果を高めるために必要がある場合には、独立して行うこととなった。

◆中学校「美術科」

目標は、「表現及び鑑賞の幅広い活動を通して、美術の創造活動の喜びを味わい美術を愛好する心情を育てるとともに、感性を豊かにし、美術の基礎的能力を伸ばし、豊かな情操を養う」である。

「美術の基礎的能力」を総合的に身に付けることを目指し、Ａ表現、Ｂ鑑賞の２領域である。Ａ表現の内容を、「絵や彫刻」「デザインや工芸」に整理し、各内容を関連付けたり一体的に扱ったりすることができるようにした。漫画やイラストレーション、写真・ビデオ・コンピュータ等映像メディアなどの表現手法が導入されている。Ｂ鑑賞の指導については、各学年とも適切かつ十分な授業時数を配当することとなった。第２学年及び第３学年の鑑賞では、日本の美術や文化と伝統に対する理解と愛情を深めることが示され、各学年の鑑賞における美術館・博物館等の施設や文化財などの積極的な活用を求めている。内容の確実な定着が図られるよう、従来の「指導する」から「できるよう指導する」の表記に改められた。

◆高等学校芸術科「美術Ⅰ」「美術Ⅱ」「美術Ⅲ」

Ａ表現、Ｂ鑑賞の２領域であるが、Ａ表現の内容は、「絵画・彫刻」「デザイン」「映像メディア表現」に整理された。絵画と彫刻は、いずれかを選択したり一体的に扱ったりすることができ、「デザイン」「映像メディア表現」は、いずれかを選択して扱うことができるとした。Ｂ鑑賞については、日本の美術を重視して扱うとともに、アジアの文化遺産などについても扱うようにすることになった。Ｂ鑑賞の指導については、適切かつ十分な授業時数を配当することとなった。

▌2008・2009（平成20・21）年改訂　学習指導要領

2006（平成18）年の教育基本法、2007（平成19）年の学校教育法改正を踏まえた改訂である。教育基本法第二条第五号「伝統と文化を尊重し、それらをはぐくんできた我が国と郷土を愛するとともに、他国を尊重し、国際社会の平和と発展に寄与する態度を養うこと」が各教科の教育内容に反映されている。「生きる力」の育成の理念の継承とともに、基礎的・基本的な知識及び技能を確実に習得させ、これらを活用して課題を解決するために必要な思考力、判断力、表現力その他の能力を育むことが目指された。授業時間数、学習内容が増加し、小学校に外国語活動の導入、高等学校に「総合的な学習の時間」が新設された。

図画工作科、美術科、芸術科（美術）については、造形的な創造活動の基礎的な能力を育てること、生活の中の造形や美術の働き、美術文化に関心をもつことや我が国の美術や文化に関する指導を一層充実することなどが重視された。

◆小学校「図画工作科」

目標は、「表現及び鑑賞の活動を通して、感性を働かせながら、つくりだす喜びを味わうようにするとともに、造形的な創造活動の基礎的な能力を培い、豊かな情操を養う」で、「感性を働かせながら」が加えられた。内容は、Ａ表現、Ｂ鑑賞の２領域に、領域や項目などを通して共通に働く資質や能力として〔共通事項〕が新しく設けられた。各学年で取り扱う材料や用具が示されている。

・第１・２学年：土、粘土、木、紙、クレヨン、パス、はさみ、のり、簡単な小刀類など
・第３・４学年：木切れ、板材、釘（くぎ）、水彩絵の具、小刀、使いやすいのこぎり、金づちなど
・第５・６学年：針金、糸のこぎりなど

◆中学校「美術科」

目標は、「表現及び鑑賞の幅広い活動を通して、美術の創造活動の喜びを味わい美術を愛好する心情を育てるとともに、感性を豊かにし、美術の基礎的な能力を伸ばし、美術文化についての理解を深め、豊かな情操を養う」で、「美術文化についての理解を深め」が加えられた。

内容は、Ａ表現、Ｂ鑑賞の２領域に、領域や項目などを通して共通に働く資質や能力として〔共通事項〕が新設された。Ａ表現の内容が、「発想や構想の能力」に関する事項（絵・彫刻、デザイン・工芸）と「創造的な技能」に関する事項で整理された。「内容の取扱い」に、スケッチの学習を効果的に取り入れること、漫画やイラストレーション、図などの多様な表現方法の活用と写真・ビデオ・コンピュータ等の映像メディアの積極的な活用を図ることが示された。知的財産権や肖像権に対する配慮が明記された。

Ｂ鑑賞では、我が国の美術文化の指導を重視するとともに言語活動の充実（説明し合ったり、批評し合ったりする）を図ることとした。

◆高等学校芸術科「美術Ⅰ」「美術Ⅱ」「美術Ⅲ」

「美術Ⅰ」「美術Ⅱ」の目標に、「美術文化についての理解を深めること」が加えられた。内容は、Ａ表現（絵画・彫刻、デザイン、映像メディア表現）、Ｂ鑑賞の２領域である。「内容の取扱い」に、知的財産権、肖像権等について配慮し、著作物等を尊重する態度の形成を図ることが明記された。

▎2017・2018（平成29・30）年改訂　学習指導要領

2016（平成28）年の中央教育審議会答申「幼稚園、小学校、中学校、高等学校及び特別支援学校の学習指導要領等の改善及び必要な方策等について」を基に、学習指導要領が改訂された。「知識基盤社会」における「生きる力」を育む理念を継承し、2030年の社会（「変化が激しく将来の予測が困難な時代」）を見据え、「社会に開かれた教育課程」として、社会と共有・連携した教育課程の実現を目指している。学校教育法第三十条二項の示す学力観に基づき、全ての教科等における育成すべき資質・能力を「知識及び技能」、「思考力、判断力、表現力等」、「学びに向かう力、人間性等」の三つの柱で整理し、知・徳・体のバランスのとれた「生きる力」を育成するとした。学習指導要領総則で、新たに教育課程の実施や評価、生徒の発達の支援、学校運営（カリキュラム・マネジメント）について示し、各教科の指導で「主体的・対話的で深い学び」の実現を図るための授業改善を求めている。

　小学校「図画工作科」、中学校「美術科」、高等学校芸術科「美術Ⅰ」「美術Ⅱ」「美術Ⅲ」の教科の目標は、三つの柱〔1 知識及び技能〕〔2 思考力、判断力、表現力等〕〔3 学びに向かう力、人間性等〕で構成され、内容との対応が図られた。目標には、「造形的な見方・考え方」を働かせ、資質・能力を育成することが示され、造形の要素やイメージで捉える視点を重視している。生きて働く知識・技能の習得、活用を目指して、従来の「指導する」から、「身に付けることができるよう指導する」との表現になっている。「A 表現」及び「B 鑑賞」の指導にあたっては、引き続き言語活動の充実を図ることが示されている。

　小学校「図画工作科」、中学校「美術科」では、障害のある児童生徒などについて、学習活動を行う場合に生じる困難さに応じた指導内容や指導方法の工夫を計画的、組織的に行うことが求められている。高等学校芸術科「美術Ⅰ」「美術Ⅱ」「美術Ⅲ」に、「A 表現」「B 鑑賞」の学習において共通に必要となる資質・能力として〔共通事項〕が新しく設けられた。

引用・参考文献
・文部省『学制百二十年史』ぎょうせい（1992）
・金子一夫『美術科教育の方法論と歴史』中央公論美術出版（2003）
・上野浩道『日本の美術教育思想』風間書房（2007）
・北川民次『北川民次美術教育論集』上巻　創風社（1998）
・藤澤英昭、水島尚喜編『図画工作・美術教育研究 第三版』教育出版（2010）
・国立教育政策研究所　教育研究情報データベース　https://erid.nier.go.jp/guideline.html

美術教育　虫の目　鳥の目　魚の目

図画工作・美術科における
創造性の育成と教師の役割

千葉大学　佐藤真帆

　ここでは、児童生徒が意義を感じられる図画工作科や美術科教育の実現においての教師の役割について考えてみたい。図画工作、美術科教育は、学習指導要領に定められた目標や内容などに基づいて実施される。明治期以降、学校で始まった美術教育の歴史を見ると、教育政策に示される教科の目標、内容、指導の方法は、それが置かれた時代や社会の要請が反映されていることが分かる。例えば、明治時代、現在の図画工作・美術科にあたる「図画」と「手工」は、国の産業を支えるものづくりに関する知識や技術の習得のための教科として学校教育に導入され、より職業訓練的意義を備えていた。一方で、学校の美術教育は教育政策にのみ規定されるものではないということもできる。学習指導要領などにある程度規定されながらも、教師が子供たちの学びをつくっていくときに果たす役割は小さくはないからである。図画工作・美術科で、教師が子供一人一人にとって意義のある学びをつくるためにはどのようなことが必要なのだろうか。ここでは特に創造性に注目して考えてみたい。

美術教育と創造性

　図画工作・美術科は、広く美術に関する内容を学ぶ学校の教科である。これらの教科を通して育成が期待されるものの一つとして子供たちの「創造性」が挙げられる。日本の美術教育の歴史を振り返ってみると、美術教育における子供の創造性をどのように捉え、どのような方法で育てられるのかということは長い間の課題であるといえる。

　明治期から大正期にかけて学校では、「臨画」といわれる描画の熟達者が描いた手本を写して、絵を描く技能を身に付ける指導の手立てが主に使われていた。徒弟制度的学びでは、熟達者の技術をまねることは学習の一つの方法であり、様々な領域で行われた学習方法であり、美術に関係する領域では伝統的な工芸の技術習得の場面などで観察される。この方法が問題となったと考えられる原因は、学習者である子供の発達を考慮しなかった点にある。大正時代に自由画教育運動を起こした山本鼎は、子供が自由に表現することの大切さを主張し、臨画を強く批判した。当時、子供には子供の見方や表現があり、それらは未熟なのではなく、子供時代にしか味わい表すことができないものであるという「児童美術」の考え方が日本に紹介され、子供の創造性をめぐる議論が起こった。児童美術の発見は美術教育の意義を児童生徒の立場から考える上で大きな役割を果たした。ただし、この当時、美術教育の領域では、創造性に関する研究は限られており、特に学習や指導の方法も未開発であったため、美術教育の意義の理想としては掲げられつつも、教育の理論、政策、実践を変えることはできなかったようだ。

戦後、小学校から中学校まで、図画と工作を統一して「図画工作」という教科が誕生した。1951年発行の学習指導要領（試案）図画工作編では、創造活動を通して生徒の興味・適性・能力を発展させるという目標が示された。「創造活動を通して」とは、創造活動自体が目的というよりは、創造活動は手段と解釈することができる。1958年の中学校学習指導要領では図画工作を改めて「美術科」とし、美術の目標には、美的感覚を洗練し、美術的な表現能力を養う、情操を豊かにする、美術的な創造力を養うなど、今日の目標につながる文言がそろった。日本では、民間美術運動が子供の創造性を育てることを探求しようとした点で大きな役割を果たした。子供は本来、創造への欲求をもっているとする考え方は、1977年改訂の学習指導要領、図画工作の「造形的な遊び」の導入へとつながったと考えられる。子供の成長に寄り添った、個々の子供にとって意義のある美術教育が目指されるようになっていった。

創造性と教育

　創造性は特別な人だけの特別な活動ではなく、全ての人にとって大切な力なのである。ボーデン（Margaret A.Boden 1936-）は、創造性を人類の歴史という点から見て新しい価値あるものを生み出すことに関する歴史的創造性（Historical creativity）、ある社会の中ではすでに誰かによって生み出されたものであっても、ある個人にとって新しい価値あるものを生み出すことに関する心理的創造性（Psychological creativity）の二つに区別した。創造性のプロセスについて考えるとき歴史的に新しいかどうかは問題にすることは少なく、歴史的創造性は心理的創造性でもあるから、心理的創造性はより重要となってくる。このようなことを含めて創造性のプロセスは、特別な才能をもった人のみに起こるのではないといえる。

　1990年代、今日の社会状況のめまぐるしい変改に柔軟に対応できる子供たちを育てる必要性の高まりを背景に、国際的に創造性教育が注目された。イギリスでは、経済成長と社会的結びつきのためにも子供たちの可能性を開花させる必要があり、全ての子供たちのために幅広く、柔軟で、やる気を促すような教育の必要性が報告された。そして、1999年に、All Our Futures：Creativity, Culture and Education（National Advisory Committee on Creative and Cultural Education）というレポートが発表され、創造性教育を子供たちの独創的なアイデアや活動のための能力を育てる教育とし、創造性は全ての子供たちが身に付けるべき力であること、創造的思考やふるまいは全ての教科課程で育てることが提案された。そして、創造性の特徴を考えること（thinking）と行うこと（behaving）のプロセスから独創的なものが生み出され、結果は目的に対して価値あるものであると説明した。では、子供たちが創造的に考え、行動できるような力を身に付けるために図画工作、美術科の教師はどのようなことができるのだろうか。数あるうちの一つは、教師自身が創造的に考え、行動することができることである。先に挙げたレポートでは、子供たちの創造性を育成すること（teaching for creativity）は、子供たちが創造的に考え、振る舞うことを促し、それは教師が創造的に教える（teaching creatively）ことも含むとしている。創造的に教えるとは、教師が想像的なアプローチを使うことにより子供たちの学びがより興味深く、楽しく、効果的に行われることを含むのである。

子共たちに寄り添った美術の学びの創造のために

　子供たちの創造性の育成のために、図画工作、美術科教師自身が創造的に教えることが大切で

ある。チクセントミハイ（Mihaly Csikszentmihalyi 1934-）は、複雑な創造性に関わる現象を理解するために心理的な面だけでなく、文化的・社会的側面を含めて考えていかなければならないとした。図画工作、美術科教師は、美術教育の領域に蓄積された知識やその領域に所属する人々との交流の中で、創造的な活動としての指導を展開する。常に変化している美術を指導内容とする図画工作、美術科教師は特にこのことに意識的になる必要がある。

　みなさんは、「美術」という言葉を聞いて、どのようなことを思い浮かべるだろうか。「美術」は明治期に西欧諸国から日本へ紹介されてから、時代や社会の変化の中で、その意味を現代まで何度も問われてきた。現在も様々な美術活動が生み出され、価値付けられている。この常に変化している美術の領域と学校の美術教育の関係が相互に作用される。図画工作、美術科教師は、そこで何を教えるかということを決める役割を担う者の一人である。学校で扱われている美術作品や表現活動が、学校の外で起こっていることとかけ離れてしまっては子供たちにとって意義のある美術教育を行うことが困難になる。例えば、日本の中学校美術科で指導されている「美術」に、手芸が含まれることはまれである。ここには、応用美術や工芸とみなされるものの中でも刺繍などの創作活動が趣味的なものとされ美術とみなされなかった問題がある（学校では他教科で扱うべきものとされてきた）。これまでの美術の概念を問い、伝統的に行われてきた様々な刺繍を通して様々な文化について知ることは、子供たちにとって意義のある学習の可能性をつくることになるのではないだろうか。

　図画工作・美術科で取り扱う学習内容やその指導の手立ては学習指導要領や教科書だけでなく、教師の美術に対する態度や理解によっても形づくられる。みなさんが、どのような経験を図画工作、美術科でしてきたのかを振り返り、既存の指導内容や方法だけにとらわれ過ぎずに、自らの知識や理解を更新していくことが、今を生き、未来をつくる子供たちにとって意義のある美術教育をつくっていくことにつながるのではないだろうか。

参考文献

Boden, M. (1994). What Is Creativity? In M. Boden (Ed.). *Dimensions of Creativity*. Cambridge, Massachusetts：The MIT Press.

Csikszentmihalyi, M. (1998). *Implications of a Systems Perspective for the Study of Creativity*. In R. J. Sternberg (Ed.). *Handbook of Creativity*. Cambridge：Cambridge University Press.

National Advisory Committee on Creative and Cultural Education (1999). *All Our Futures：Creativity, Culture and Education*. London：DfEE.

第3章　美術科の目標と内容

第1節 育成を目指す資質・能力の三つの柱

│1│ 学習指導要領の三つの柱と美術科の目標

　学習指導要領（平成29年告示）では、知・徳・体にわたる「生きる力」をより具体化し、教育課程全体を通して育成を目指す資質・能力を「知識及び技能」、「思考力、判断力、表現力等」、「学びに向かう力、人間性等」の三つの柱で整理している。三つの柱は、学校教育法第三十条二項が示す学力の3要素「基礎的な知識及び技能」、これらを活用して課題を解決するために必要な「思考力、判断力、表現力その他の能力」及び「主体的に学習に取り組む態度」と重なる（表1）。さらに、各教科等で学ぶ意義を共有しながら、授業の創意工夫や教材の改善を引き出すことができるようにするために、全ての教科等の目標及び内容についても三つの柱で統一されている。子供たちがこれらの資質・能力を身に付け、生涯にわたって能動的に学び続けることができるようにするために、「主体的・対話的で深い学び」の実現を目指したアクティブラーニングの視点に立った授業改善の必要が示されている[1]。

知識及び技能

　「知識」については、基礎的・基本的な知識を着実に習得しながら、新しい知識を既存の知識と関連付けたり組み合わせたりしていくことにより、学習内容の深い理解と個別の知識の定着を図るとともに、社会における様々な場面で活用できる概念としていくことが示されている[2]。

　芸術系教科における知識に関しては、次の三つが重要である。①一人一人が感性などを働かせて様々なことを感じ取りながら考え、自分なりに理解し、表現したり鑑賞したりする喜びにつながっていくものであること、②教科の特質に応じた学習過程を通して、知識が個別の感じ方や考え方等に応じ、生きて働く概念として習得されること、③新たな学習過程を経験することを通して更新されていくこと[3]。

　美術科における知識は、単に新たな事柄や言葉を暗記することではなく、生徒一人一人が表現及び鑑賞の活動の学習過程を通して身に付け、活用したり、実感を伴いながら理解を深めたりしながら、新たに学習経験によって更新していくものと示されている[4]。具体的には、美術科における知識は、〔共通事項〕（美術科の内容は、A表現、B鑑賞、共通事項の三つから構成されている）の内容を示している。共通事項は、「造形の要素（形、色彩など）の性質と働き（感情にもたらす効果）」「イメージで捉えること」の二つで構成されている。

　「技能」については、一定の手順や段階を追って身に付く個別の技能だけでなく、獲得した新たな技能が自分の経験や既得の技能と関連付けられ、他の学習や生活の場面でも主体的に活用できる技能として習熟・熟達されていくようにすることが示されている[5]。

　美術科における技能は、発想や構想したことなどを基に、表現の意図に応じて様々な技能を応用したり、工夫を繰り返して自分の表現方法を見つけ出したりする「創造的に表す技能」である。「知識・技能」において重要なことは、習得した知識・技能が、他の場面でも活用され、生きて働くようにすること、つまり「汎用性のある知識・技能」とすることである。

10

20

30

表1 学力の3要素と三つの柱

学校教育法第三十条二項	学習指導要領の三つの柱	美術科で育成する資質・能力
基礎的な知識及び技能	（1）知識及び技能	・造形的な視点に関する知識 ・創造的な技能
思考力、判断力、表現力その他の能力	（2）思考力、判断力、表現力等	・発想や構想の能力 ・鑑賞の能力
主体的に学習に取り組む態度	（3）学びに向かう力、人間性等	・主体的に学習に取り組む態度 ・美術を愛好する心情、豊かな感性や情操

汎用性のある知識・技能

　汎用性のある知識・技能については、例えばデッサンの学習で、モチーフの形や光などの造形要素を観察し描写する経験が積み重なった結果、造形要素に対する概念的な理解が深まり、汎用性のある知識・技能を獲得することが明らかになっている[6]。デッサンを重ねることで、「モチーフのどこを、どのように見るのか」「面で捉えるとはどういうことか」など、具体的に「ものを見る」ことの意味が分かるようになり、学習者は、「ものを捉える」能力を獲得する。学習者がこの能力を獲得すると、例えば、それまでは見えなかった"面"の境界が見えるようになり、他の場合でも、面でモチーフを捉えたり、立体的に表現したりすることができるようになる。これは、ヴァルール（色価）の理解についても同様である。

　このような造形要素についての知識・技能は、言語による知識理解だけで習得することは困難である。実技を経験することで身に付く「身体知」「暗黙知」を含む本質的、概念的な理解が必要である。

思考力、判断力、表現力等

　「思考力、判断力、表現力等」とは、社会や生活の中で直面する状況で、自分は何をすべきかを整理したり、既得の知識及び技能をどのように活用し、課題解決をしたらよいのかを考えたりする力である。「知識及び技能を活用して課題を解決する」過程については、次の三つが想定されている[7]。

- ・物事の中から問題を見いだし、その問題を定義し解決の方向性を決定し、解決方法を探して計画を立て、結果を予測しながら実行し、振り返って次の問題発見・解決につなげていく過程。
- ・精査した情報を基に自分の考えを形成し、文章や発話によって表現したり、目的や場面、状況等に応じて互いの考えを適切に伝え合い、多様な考えを理解したり、集団としての考えを形成したりしていく過程。
- ・思いや考えを基に構想し、意味や価値を創造していく過程。

　美術科における「思考力、判断力、表現力等」は、表現の活動を通して育成する発想や構想に

10

関する資質・能力と、鑑賞の活動を通して育成する鑑賞に関する資質・能力の二つから構成されている。具体的には、次のような学習活動が考えられる。

【発想・構想】主題を生み出す、意味や価値をつくり出す、表現方法を考える、アイデアをグループで発表し話し合う、情報を精査して表現方法を決定する。

【鑑賞】他者の表現の意図や工夫を考える、多様な考えを感じ取る、見方や感じ方を広げる。

▌学びに向かう力、人間性等

「学びに向かう力、人間性等」は、他の二つの柱をどのような方向性で働かせていくかを決定付ける重要な要素で、次のような情意や態度等に関わるものである[8]。

・主体的に学習に取り組む態度も含めた学びに向かう力や自己の感情や行動を統制する力など、自分の思考や行動を客観的に把握し、認識する「メタ認知」に関するもの。
・よりよい生活や人間関係を自主的に形成する態度等。
・多様性を尊重する態度や互いのよさを生かして協働する力、持続可能な社会づくりに向けた態度、リーダーシップやチームワーク、感性、優しさや思いやりなど、人間性等に関するもの。

美術科における「学びに向かう力、人間性等」は、主体的に美術の学習に取り組む態度や、美術を愛好する心情、豊かな感性などである。単に造形的な行為をすることが面白い、楽しいといったものだけではない。美術科の内容に関して、そこに示されている資質・能力を発揮しようとしたり、身に付けようとしたりすることへの態度のことである[9]。

上記三つの柱に位置付けて示された中学校美術科の目標は、図１の通りである。

造形的な見方・考え方とは、表現及び鑑賞の活動を通して、よさや美しさなどの価値や心情などを感じ取る力である感性や、想像力を働かせ、対象や事象を造形的な視点で捉え、自分としての意味や価値をつくりだすこと[10]。

造形的な視点とは、造形を豊かに捉える多様な視点であり、形や色彩、材料や光などの造形の要素に着目してそれらの働きを捉えたり、全体に着目して造形的な特徴などからイメージを捉えたりする視点のこと[10]。

柱書　表現及び鑑賞の幅広い活動を通して、**造形的な見方・考え方**を働かせ、生活や社会の中の美術や美術文化と豊かに関わる資質・能力を次のとおり育成することを目指す。

	育成を目指す資質・能力	
（１）知識及び技能	（１）対象や事象を捉える造形的な視点について理解するとともに、表現方法を創意工夫し、創造的に表すことができるようにする。	（１）造形的な視点を豊かにするために必要な**知識**と表現における創造的に表す**技能**に関する目標
（２）思考力、判断力、表現力等	（２）造形的なよさや美しさ、表現の意図と工夫、美術の働きなどについて考え、主題を生み出し豊かに発想し構想を練ったり、美術や美術文化に対する見方や感じ方を深めたりすることができるようにする。	（２）表現における**発想や構想**と鑑賞における**見方や感じ方**などに関する目標
（３）学びに向かう力、人間性等	（３）美術の創造活動の喜びを味わい、美術を愛好する心情を育み、感性を豊かにし、心豊かな生活を創造していく態度を養い、豊かな情操を培う。	（３）**主体的に学習に取り組む態度**や美術を愛好する**心情**、豊かな**感性**などに関する目標

図1 中学校美術科の目標『中学校学習指導要領（平成 29 年告示）』

高等学校芸術科「美術Ⅰ」「美術Ⅱ」「美術Ⅲ」の目標

　中学校美術科は必修教科であるが、高等学校の「美術Ⅰ」「美術Ⅱ」「美術Ⅲ」は、芸術科の「科目」である（科目は、教科をさらに細かく分類したまとまり。教科は科目によって構成される）。「美術Ⅰ」は、中学校美術科における学習を基礎にして、「A表現」及び「B鑑賞」についての幅広い活動を展開し、造形的な見方・考え方を働かせ、美的体験を重ね、生活や社会の中の美術や美術文化と幅広く関わる資質・能力を育成することを目指しており、「美術Ⅱ」、「美術Ⅲ」における発展的な学習の基礎を養う科目という性格を有している[11]。

　芸術科の目標についても中学校美術科と同様に、（1）「知識及び技能」、（2）「思考力、判断力、表現力等」、（3）「学びに向かう力、人間性等」の三つの柱で整理されている。ここでは、科目「美術Ⅰ」の目標を示した（図2）。

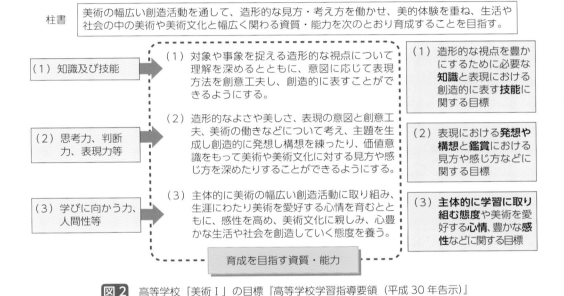

図2 高等学校「美術Ⅰ」の目標『高等学校学習指導要領（平成30年告示）』

｜2｜　美術科と芸術科「美術Ⅰ」「美術Ⅱ」「美術Ⅲ」の内容

　中学校美術科と高等学校芸術科「美術Ⅰ」「美術Ⅱ」「美術Ⅲ」の内容は、ともに「A表現」、「B鑑賞」の2領域と［共通事項］から構成されている。また、「知識及び技能」、「思考力、判断力、表現力等」、「学びに向かう力、人間性等」の三つの柱に対応して、資質・能力を相互に関連させながら育成するようになっている。

　ただし、「A表現」の項目については、中学校美術科が（1）発想や構想に関する資質・能力、（2）技能の二つの資質・能力から構成されているのに対して、高等学校芸術科「美術Ⅰ」「美術Ⅱ」「美術Ⅲ」では、（1）絵画・彫刻、（2）デザイン、（3）映像メディア表現の3分野から構成されているので、違いに留意する。図3、4に、美術科と芸術科「美術Ⅰ」の内容構成及び目標との関連を示した。

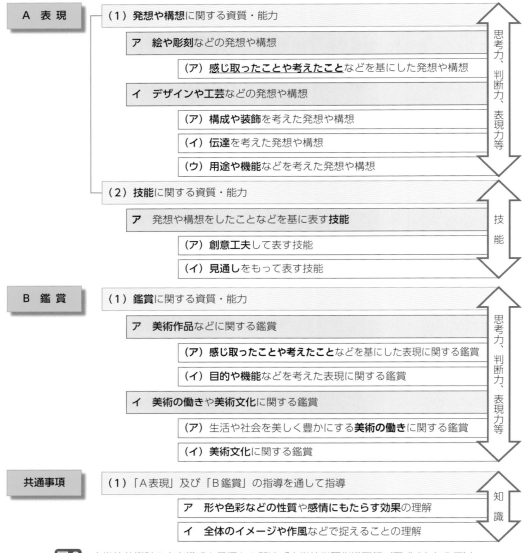

A 表現	（1）発想や構想に関する資質・能力	思考力、判断力、表現力等

ア　絵や彫刻などの発想や構想

（ア）感じ取ったことや考えたことなどを基にした発想や構想

イ　デザインや工芸などの発想や構想

（ア）構成や装飾を考えた発想や構想

（イ）伝達を考えた発想や構想

（ウ）用途や機能などを考えた発想や構想

（2）技能に関する資質・能力　　技能

ア　発想や構想をしたことなどを基に表す技能

（ア）創意工夫して表す技能

（イ）見通しをもって表す技能

B 鑑賞　（1）鑑賞に関する資質・能力　　思考力、判断力、表現力等

ア　美術作品などに関する鑑賞

（ア）感じ取ったことや考えたことなどを基にした表現に関する鑑賞

（イ）目的や機能などを考えた表現に関する鑑賞

イ　美術の働きや美術文化に関する鑑賞

（ア）生活や社会を美しく豊かにする美術の働きに関する鑑賞

（イ）美術文化に関する鑑賞

共通事項　（1）「A表現」及び「B鑑賞」の指導を通して指導　　知識

ア　形や色彩などの性質や感情にもたらす効果の理解

イ　全体のイメージや作風などで捉えることの理解

図3　中学校美術科の内容構成と目標との関連『中学校学習指導要領（平成29年告示）』

引用・参考文献
1）　文部科学省『中学校学習指導要領（平成29年告示）解説 総則編』pp.2-4
2）　中央教育審議会「幼稚園、小学校、中学校、高等学校及び特別支援学校の学習指導要領等の改善及び必要な方策等について（答申）」（2016）p.29
3）　前掲書1）p.37
4）　文部科学省『中学校学習指導要領（平成29年告示）解説 美術編』p.13
5）　前掲書2）p.29
6）　鈴木淳子、前田基成「美術における汎用的能力の形成：描写技能の習得に関する調査結果から」『女子美術大学研究紀要』（50）（2020）
7）　前掲書1）pp.37-38
8）　前掲書1）pp.38-39
9）　前掲書4）p.23
10）文部科学省『中学校学習指導要領（平成29年告示）解説 美術編』p.10
11）文部科学省『高等学校学習指導要領（平成30年告示）解説 芸術編』p.100

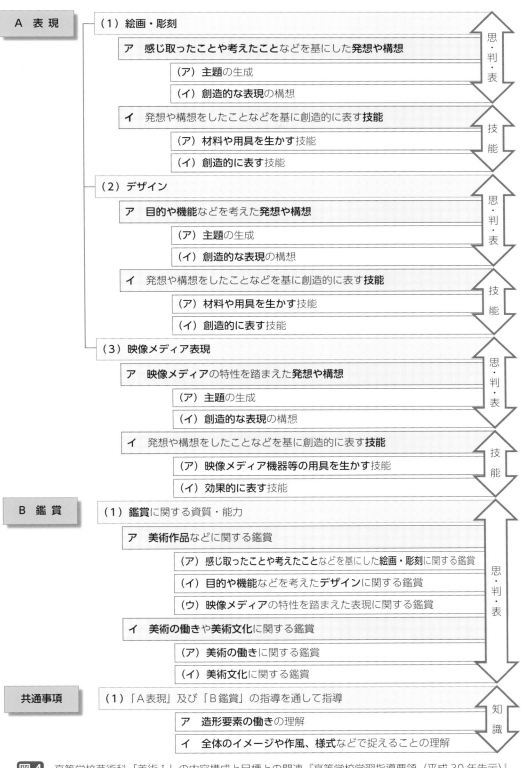

A　表現

（1）絵画・彫刻

　ア　感じ取ったことや考えたことなどを基にした**発想や構想**

　　　（ア）**主題の生成**

　　　（イ）**創造的な表現**の構想

　イ　発想や構想をしたことなどを基に創造的に表す**技能**

　　　（ア）**材料や用具を生かす**技能

　　　（イ）**創造的に表す**技能

思・判・表

技能

（2）デザイン

　ア　**目的や機能**などを考えた**発想や構想**

　　　（ア）**主題の生成**

　　　（イ）**創造的な表現**の構想

　イ　発想や構想をしたことなどを基に創造的に表す**技能**

　　　（ア）**材料や用具を生かす**技能

　　　（イ）**創造的に表す**技能

思・判・表

技能

（3）映像メディア表現

　ア　**映像メディアの特性**を踏まえた**発想や構想**

　　　（ア）**主題の生成**

　　　（イ）**創造的な表現**の構想

　イ　発想や構想をしたことなどを基に創造的に表す**技能**

　　　（ア）**映像メディア機器等の用具を生かす**技能

　　　（イ）**効果的に表す**技能

思・判・表

技能

B　鑑賞

（1）鑑賞に関する資質・能力

　ア　**美術作品**などに関する鑑賞

　　　（ア）感じ取ったことや考えたことなどを基にした**絵画・彫刻**に関する鑑賞

　　　（イ）目的や機能などを考えた**デザイン**に関する鑑賞

　　　（ウ）**映像メディアの特性**を踏まえた表現に関する鑑賞

　イ　**美術の働きや美術文化**に関する鑑賞

　　　（ア）**美術の働き**に関する鑑賞

　　　（イ）**美術文化**に関する鑑賞

思・判・表

共通事項

（1）「A表現」及び「B鑑賞」の指導を通して指導

　ア　**造形要素の働き**の理解

　イ　**全体のイメージや作風、様式**などで捉えることの理解

知識

図4　高等学校芸術科「美術Ⅰ」の内容構成と目標との関連『高等学校学習指導要領（平成30年告示）』

学校教育の中で美術を学ぶということ

神奈川県川崎市立井田中学校　岩崎知美

美術科教師を目指すみなさんが今抱える不安は何であろうか。また、実際に模擬授業や学習指導案を作成して悩んでいることは何であろうか。若手の美術科の先生方の不安や悩みを聞き、美術科教師として大切にしてほしいことや伝えたいことを、これまで私が中学校で取り組んできた美術の授業の経験から考えてみたい。

美術を学ぶ意義

若手の美術科の先生方に「どのような授業を行いたいか」と聞くと、「生徒にとって楽しい授業」という答えが返ってくることが多い。では、「生徒にとって楽しい美術の授業」とはどのようなものだろうか。

以前、中学3年生から卒業間際にもらった手紙にはこう書いてあった。「僕は、絵を描いたり、ものをつくったりすることは苦手でしたが、美術の授業はとても楽しかったです」。確かに、美術科の成績がよかったわけではなく、どちらかというといつも制作が遅く、考えがまとまらないことが多かった生徒であったと記憶していた。そのような生徒から「授業が楽しかった」という内容の手紙をもらったとき、うれしかったのと同時に一体何が楽しかったのか、とても不思議な気持ちであった。彼にとって何か好きな題材があったか、そのようなことを考えていた。後日その生徒に手紙のお礼を伝えたときに、具体的に何が楽しかったのかを聞いてみた。すると「作品はうまくはできなかったかもしれないけれど、自分の考えたことやつくったもののよいところを見付けてくれたから」とその生徒は答えた。何か特定の好きな題材名が上がってくると思っていたが、そうではない予想外の答えに戸惑ったことを覚えている。しかし、その言葉はその後に授業を振り返るきっかけを与えてくれた言葉であった。

これを読まれている方々は、きっと美術が大好きで、美術の専門的な勉強をした方々がほとんどであると思う。しかし、学校教育の中での美術の授業では、全ての生徒が最初から美術を好きなわけではない。中には苦手意識をもって美術室にやって来る生徒もいる。高等学校にしても選択性とはいえ専門性だけを求めて選択する生徒は少ない。そうした学校教育の中の一つの教科として美術科を捉えたとき、美術の授業ではどのような資質・能力を育成していくのかを考える必要がある。また、全ての生徒にとって美術を学ぶ意義とは何であろうか。

生徒の声からの授業改善

　前述したように、全ての生徒が最初から美術を好きなわけではない。中には、「どうして美術を勉強するのか」と答えに窮する質問を受けるときもある。しかし、その質問に生徒が納得するような自分なりの答えをもつことは、美術科教師にとってはとても大切なことであると思う。

　また、そうした苦手意識をもった生徒こそ、授業づくりのヒントを与えてくれる。そのため、私は授業づくりをするにあたっては、美術が一番苦手であろう生徒を想像して授業の構想を練る。苦手な生徒に対してどのようにアプローチしていくかを考えていくことは、とても楽しいものである。そして、授業を見直すきっかけは、いつも生徒からの素朴な声である。

「絵文字」の題材を通して

　教科書にもよく掲載されている「絵文字」の題材がある。この題材は文字の一部を図案化し、形や色彩の効果などを生かして表現する題材である。私も初任のころから、何度となくこの題材には取り組んでいた。この題材を「漢字の意味」を伝えることを学習のねらいとして授業に取り組んでいたときのことである。ある生徒から「先生、漢字の意味を伝えるといっても私たちは、漢字が読めるから意味がないと思う」という発言を受けた。もっともな意見である。そうした題材として教科書に載っているからという理由だけでは、生徒は絵文字で伝えるということに意味をもたないのである。「どうしたら、絵文字を見て伝わったという実感を生徒がもてるだろうか」。早速、授業構想の変更である。後日、生徒たちに「実際に漢字の意味を知らない人に見せて伝わるかを試してみよう」と提案した。見せる相手は、ALT（Assistant Language Teacher、外国語指導助手）の先生である。

　発想・構想の段階ではアイデアスケッチを友だちと見せ合い、漢字の意味が分からないという視点に立って意味が伝わるようなアイデアを出し合った。着彩では、漢字のイメージが伝わるような色彩を考えるよう伝えた。美術科の授業の中でALTに来てもらうことは難しかったので、英語の先生に頼んで英語の授業の中で活動させていただいた。生徒たちは自分の絵文字の作品を見せ、漢字の意味を英語でのクイズ形式でALTに出題した。

漢字の意味を伝える絵文字作品

鑑賞会を実施し、感想を伝え合う

"What do you think the meaning of this kanji is?""Bean?""Right!"

　正解の際には、伝わった喜びの表情があふれ、伝わらなかった際には、どのようなイメージが伝わったかを聞き、再度作品を修正しようとする生徒も現れた。

　実際に漢字の意味が分からない外国人に自分の作品を通して伝えたことによって、形や色彩のもつ性質や感情にもたらす効果を実感することができたのではないかと思う。題材が生徒の実態に応じて身近であること、実感を伴って学ぶことこそが、題材と生徒の関わりの中では大切であると感じた経験であった。

　いつでも授業を見直すきっかけを与えてくれるのは、こうした生徒の素朴な声である。生徒が疑問に思ったことに「ああー」と納得する答えを見付けていくことが、教師にとっては授業改善につながり、生徒にとっては美術を学ぶ意義につながっていくと考えている。

励みになる学習評価を目指して

　若手の先生に一番の悩みと聞くと、「学習評価」と答えることが多い。それは、自分自身もそうであったし、若手の先生だけでなくベテランの先生方にとっても悩み事の一つであろう。よく、「美術の評価は難しい」とか、「この作品はどうやって評価するのか」などと聞かれることがあるが、それはペーパーテストなどで、単純に数値等で表すことができないものであるし、完成した作品だけを見て評価できるものではないからであろう。

　学習評価は、教師が生徒を一方的にラベリングするためのものではない。学習評価とは、授業を構築していくための生徒との共同作業であると捉えている。つまり信頼性、妥当性のある評価のためには、生徒と教師が学習過程全般を通してどのような資質・能力を身に付けていくのかを共有し、授業内で評価を常に生徒に返しながら、生徒は自己の学習を把握し、教師はそれに対して授業改善を行っていくといった過程であると考える。

　生徒は、評価について強い関心をもっている。それは、よりよい成績をとりたいといった表面上のことだけでなく、自分の学習に対して正しく評価してもらうことを期待していると感じる。よい評価を受ければ学習への励みになり、そうでなければ次の授業で何を頑張ればよいかといった自分の目標にもなるからである。そのためにも、授業の中で生徒のよさや課題となるところを常に声掛けしたり、学習カードを通して伝えたりする活動が重要である。また、その活動の中で生徒の課題となっていることは、教師の指導の課題でもあると捉え、生徒と一緒に改善を図っていこうとすることを心掛けていたい。冒頭の手紙をくれた生徒の言葉は、そうした授業内でのやり取りのことを指してくれていたらと今でも思っている。

　これから美術科教師を目指す方々へ。みなさんは、美術が好きで美術のよさや素晴らしさを知っている方々である。また、そのよさや素晴らしさを次世代の子供たちに伝えるために、志をもって日々学んでいると思う。そうした専門性をもった方々であるからこそ、学校教育の中で美術を学ぶ意義についてそれぞれの答えをもっていてほしい。現行（平成29年告示）の学習指導要領では、全ての教科等の目標及び内容が育成を目指す資質・能力として三つの柱に整理された。つまり、全ての教科等が同じ方向を向いて連携し、教科横断的な視点をもちながら教育活動を進めていくことが、今後求められていくことになるであろう。そうした時代の中でこそ、美術科でしか学ぶことができないことが何であるか、みなさんの専門的な強みを生かし、全ての生徒に美術を学ぶ意義について伝えていってほしい。

第4章　指導計画の作成

第1節 美術科の学習活動

　教科の学習活動ついて、ブルーナー（Jerome Seymour Bruner 1915-2016）は、情報（知識）の獲得、変形、評価の三つの過程から成るとする。美術科の学習は、造形表現に必要な知識・技能を習得し、それらを活用して創造的な表現活動（制作や鑑賞）を行った後に、学習活動を振り返り、表現方法の選択や取り組みを評価する各過程から構成されている。このような学習活動を継続的に積み重ねていくことによって、美術に必要な資質・能力は、スパイラルに向上していくと考えられる。

│1│　造形表現活動の学習過程

　実際の造形表現活動はどのように進行していくのか、学習過程と生徒の学びとの関連を具体的に見てみよう。図1は、題材「身近な風景を描く―水彩画」の学習過程を、指導者（教員）の立場と学習者（生徒）の立場から時系列で表したものである。図左側は、学習過程（①題材の提示・導入、②発想・構想、③制作、④制作・仕上げ、⑤学習のまとめ・振り返り）と指導者（教員）による指導内容を表し、図右側は、各過程における学習者（生徒）の思考と学びを表している。

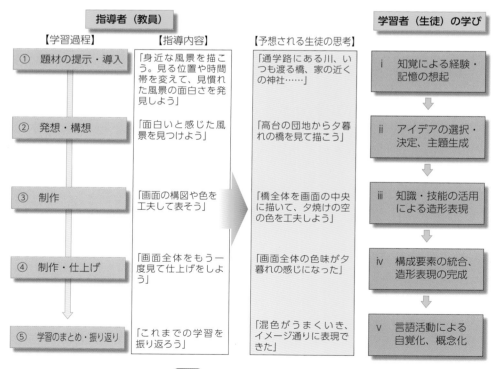

図1　造形表現活動の学習過程

学習者の造形表現活動では、始めに、指導者の題材の提示・導入による諸感覚への働き掛けによって表現意欲が喚起され、過去の経験や記憶が想起される（**i**）。次に、思い浮かんだ様々な考えの中から全体のテーマにふさわしいアイデアが選択・決定され（**ii**）、これまで身に付けた知識や技能を活用しながら制作が進行する（**iii**）。やがて、形や色彩など作品の構成要素が整理、統合されて造形表現が完成し（**iv**）、これまでの学習の振り返りや言語活動による思考によって自覚化、概念化に至ると考えられる（**v**）（⇒第1章第2節3 p.17）。

｜2｜　造形表現活動の意義と指導計画作成の留意点

　学習過程①〜⑤の流れに従い、それぞれの場面は生徒にとって、「どのような意味をもつ学習なのか」また、「どのような内的変化が起きているのか」を確認しながら、生徒の学びの状況（ｉ〜ｖ）と指導計画作成の際の留意点を挙げる。

① 題材の提示・導入──ⅰ知覚による経験・記憶の想起

10　造形表現活動は、自然や造形作品の形や色彩、言語、音楽などによる諸感覚への刺激（働き掛け）を契機として始まる。働き掛けに対して過去の経験や記憶が想起され、心的イメージが浮かぶ。例えば、私たちが抽象画のオレンジや赤の色彩から暑い夏をイメージする、楽曲を聴いて高校時代の文化祭を思い出す、美しい自然を描写した文章を読んでその映像を頭に浮かべるなどである。日常生活でも外界から常に多くの刺激を知覚しているが、授業の導入は、主題を生成することをねらいとした意図的な感覚への働き掛けである。生徒は形や色彩、言語などを知覚し、過去の経験や記憶の想起によって、新たな表現への興味・関心、意欲をもつのである。

> **指導計画作成の留意点**
>
> **自己肯定感の形成につながる思考過程を大切にする**
> 　造形表現活動に伴って経験や記憶を想起することは、自分の好きなことや大切なものなど自己の意識を確認し、自覚することである。想起することによって、生徒は過去の様々な経験を経た「現在（今）の自己」を認識する。自己を認識することは自己肯定感の形成につながり、人間形成に関わる重要な意味をもっている（⇒第1章第2節2）。想起した経験を基に、新たに発想したことを思うままに表現する創造活動は、自己肯定感や自我の形成、豊かな個性を育むことにつながる。
> 　指導計画作成にあたっては、生徒が過去の経験や知識を基に自由なイメージを思い描くことができるように発問やワークシートを活用するなど工夫し、十分な時間を確保する。

② 発想・構想──ⅱアイデアの選択・決定、主題生成

　発想・構想の段階では、題材の導入による感覚の刺激によって経験や記憶が想起されるが、それがすぐに制作につながるわけではない。様々な経験内容の中から、全体のテーマや制作条件等を検討し、ふさわしいと判断された経験が選択される。図1の題材例では、【予想される生徒の20　思考】として、身近な風景から「通学路にある川、いつも渡る橋、家の近くの神社」など複数の場所を想起している。これらの中から、制作条件である「見る位置や時間帯を変えて、見慣れた風景の面白さを発見する」ことを考慮した結果、「高台の団地から夕暮れの橋を見て描く」ことを主題として選択・決定している。

ところで、生徒は思い浮かんだいくつかのアイデアの中から、どのような考えで主題を決定しているのか。筆者が、中学校美術科の題材「自画像」について、生徒の意識調査（公立中学校2年生対象、2014）を行ったところ、主題を選んだ理由について、「自分が一番表現したい内容だから」「自分の力量（技能）で表現できそうだから」「構図や構成がよさそうだから」「先生が示した授業のねらいに合っているから」などの回答があった。すべての生徒が、「自分が一番表現したい内容」ということで主題を決めているのではなく、多様な視点でアイデアを比較検討していることが分かる[1]。

> **指導計画作成の留意点**
>
> **始めに明確な制作条件を提示する**
> 　題材のテーマや目標、制作の条件、制作時間、使用材料は、題材の導入時に、生徒に明確に伝える。口頭での説明だけでは、話を聞き逃す生徒がいたり、クラスによって説明内容が異なったりすることがあるので、板書やプリントを使って説明する。
> 　制作途中に当初の説明にはなかった新たな条件や別の選択肢を付け加えたり、生徒からの質問に一貫性のない回答や異なる対応をしたりすることは、生徒の学習意欲と教員に対する信頼感を低下させる。このようなことは、事前の題材研究と指導計画の検討が不十分な場合に起こる。授業準備では、教員の立場で考えるだけではなく、生徒の側に立って客観的に授業を見直すようにする。説明や発問に対する生徒の反応（生徒の受け止め方、質問など）を予想してみることで、話す内容を整理することができる。
> **より質の高い表現を目指した選択・決定を促す**
> 　造形表現活動では、視覚や聴覚など感覚の刺激によって、新たなイメージの生起や表現に対する衝動性が湧き起こることがある。小学校図画工作では、このような子供のエネルギーの表出をそのまま作品にする題材もある。しかし、美術科では発達段階を踏まえ、とっさの思い付きや衝動性をそのまま表現するのではなく、過去の経験がもつ諸価値や制作条件、効果などを十分に検討するよう指導する。具体的には、生徒の発想・構想に加えてグループでの話し合い、発表などの学習活動を通して、より質の高い表現を目指したアイデアの選択・決定ができるように学習の展開を工夫する。

③ 制作——ⅲ 知識・技能の活用による造形表現

　主題や表現の構想が決まると、これまで身に付けた美術の知識や技能を活用した制作（鑑賞の場合は言語による表現）が進行していく。想起した経験を基に発想し、生成した主題を形や色彩によって形象化する過程である。
　制作過程では、主題を基に、造形表現の技能、美術の知識（造形要素など）、制作に対する感情・意思が、想像力の働きによって相互に関連したり、結び合って変容したりしながら、形や色

図2 制作過程における知識、技能と感情・意思の働き

彩の新たなイメージが形成されていく（図2）。より深く主題に迫る表現方法を追求するためには、知識、技能、感情・意思を創造的に関連付ける学習活動、例えば、制作の始めにグループ内で表現の工夫について発表し合う、中間の鑑賞を設けるなどが効果的である。このような言語活動による質的思考によって、制作に対する考えが深まる。

指導計画作成の留意点

「新たな学び」を設定する

　制作では、すでに身に付けた知識や技能を使った表現だけでなく、生徒の発達段階に応じて「新たな学び」となる制作課題を設定する。これまでに何度も経験している描画材でも、新たな描画・構図技法の習得や工夫を取り入れることで、学習に対する生徒の関心・意欲が高まる。

　造形表現の技能は一度で身に付くものではなく、系統的・段階的な指導による積み重ねが必要である。題材ごとに生徒が習得する「新たな学び」を設定することによって、美術の知識・技能をスパイラルに高める授業をつくることができる。

④ 制作・仕上げ——ⅳ構成要素の統合、造形表現の完成

　制作の過程では、自己の感情や思考と表現の対象である事物との相互作用（「自己内対話」）が繰り返される。やがて、全体の調和への志向性によって、画面の中でバラバラだった形や色彩など作品の構成要素は統合され、美的秩序とリズム、バランスのある関係がつくられていく。制作の最終段階にこのような統合が図られるのが、仕上げの時間である。

　リードは、創造的な表現活動は、無意識的な自己の統合化の過程であり、精神の均衡と調和をもたらすことであると述べている[2]。造形表現活動で作品の構成要素を統合し、美的秩序を整える過程は、心の均衡とバランスをもたらすことにつながると考えられる。

　近年、大人の塗り絵の本が書店に並んでいるが、かつて塗り絵は子供の遊びと考えられていた。それが今では大人も没頭し、楽しむものになっている。塗り絵は、考えたイメージを基に色を塗り、色合いや全体の調和を整えて完成させる。無心になって取り組むことでストレスが発散され、心が落ち着き整えられる効果があるといわれている。このように、造形表現活動がもたらす精神の調和と均衡、秩序的な回復は、人間形成の観点から捉えた美術科教育の意義の一つとして重要である。

指導計画作成の留意点

仕上げの時間を大切にする

　授業での仕上げの時間は、終了時間が迫る中、作品に塗り残しや未完成なところがないか確かめ、絵の具で埋めるなどに費やされることが多いと考えられる。形や色彩など作品の構成要素を統合し、画面全体を整えることは、生徒にとって表現主題に対する感情や意思を最終確認し、自己を納得させる過程でもある。仕上げは、これまでの全過程を総括する時間であり、生徒にとって作品完成後の満足感や達成感につながる大切な意味をもっている。「主題を通して自分が表現したかったこと、イメージに沿った形や色彩が表現できているか」について、振り返りを指示する指導を行う。

⑤ 学習のまとめ・振り返り── v 言語活動による自覚化、概念化

　構成要素の統合によって作品は完成するが、制作を通して生じた様々な思考や感情は、漠然として整理されていない状態である。これらの意識は、まとめ・振り返りの学習活動で、言語による思考によって整理、再構成され、最終的に自覚化される。私たちは、言葉で把握する概念を組み合わせてあらゆる事象を理解するのであり、文章記述や他者との話し合いなどの言語活動は、思考を明確にし、深める働きがある。

　自覚化することは、これまでの学習活動を一つの経験として認識することである。制作を振り返り、満足な結果であろうと不本意に終わったのであろうと、設定した目標に対して、自己の能動的な働き掛け（表現の新たな試みや努力）とその結果を関連付けて自覚化することにより、新たな経験として再構成されるのである。

指導計画作成の留意点

生徒の新たな挑戦につなげる

　学習のまとめ・振り返りでは、学習カードなどを活用して、これまでの学習に対する自己評価（題材の目標・自己目標に対する評価）や制作での課題、今後の改善点、感想などの記述を行う。制作がうまくいかなかった場合も、生徒が「これまでの学習で得た新たな学びや失敗などの経験を次の造形表現活動でどのように生かしていくか」を考えるよう声掛けをする。学習の振り返りが、次の題材に向けた新たな挑戦、働き掛けにつながる関連付けとなるように指導することが重要である。

　作品の完成、学習の振り返りによって一つの題材は終わるが、それらはバラバラで無関係に存在するのではない。美術科教育全体の流れの中で、すべての題材は有機的に関連し合い、美術科が目指す資質・能力の育成につながっている。学習の振り返りにおける自覚化の過程は、生徒が自らの造形表現活動の経験の質を問い、次の学びを展望する学習活動なのである。

指導計画作成の留意点

学びを概念化する

　ボルノーは、「新たになされた経験は、いわば今や解釈されるべきテキストである」と述べている[3]。題材における新たな学びについて、「美術の知識・技能とどのように関連し、全体のどこに位置付くのか」を考えることにより、学びは概念化され、他の学習活動の場面でも活用することができる知識・技能となるのである。さらに、自己のキャリアや社会に関連付けて学びの意味を考えることにより、主体的な学びとなる。

│3│　自己目標の設定と効果

▍自己目標の設定と「学びの連続性」

　学校教育として行われる造形表現活動が、地域の体験教室や民間団体主催のワークショップなどと異なるのは、美術科で育成を目指す資質・能力に基づき、題材ごとに目標を設定し、評価をすることである。美術科の学習活動は、題材の目標を達成することを目指して行われるのであ

10

る。題材目標を受けて、生徒が能動的に自己の学習に対する具体的な試みや働き掛けとして個々に設定する目標が、「自己目標」である。

　自己目標は、全体のテーマや生徒の個別の課題を踏まえて設定される。例えば、学習に取り組む姿勢では、「時間内に作品を完成させる」「粘り強く取り組む」「分からないことをそのままにしない」などである。知識・技能に関しては、「自分らしさを表現する」「細部まで丁寧に仕上げる」などが考えられる。自己目標の設定は、学習カード、ワークシートに記述欄を設けるとよい。記述にあたって、これまでの制作の進め方や技能の習得についての振り返りを基に、自己の課題について考えるよう指導する。例えば、描画の題材では、「前回は水彩絵の具の混色がうまくいかなかった」「立体感を表す影の付け方が分からない」など個別の課題を踏まえて、今回の制作ではどのようなことを目指すのか、具体的な自己目標となるように指導する。

　自己目標を設定することにより、個々の題材間に意識的なつながりが生まれ、「学びの連続性」が実現する。「学びの連続性」の確保によって、美術の知識・技能を高めることが可能となり、生徒は学習を通して自己の成長を実感できるようになる。

自己目標と作品制作後の満足感の関連

　学習のまとめ・振り返りでは、題材の目標に対する評価だけでなく、自己目標に対する評価を行う。生徒にとって、自己の能動的な働き掛けとその結果を関連付けて評価することは、自身の成長に対する気付きとなるだけでなく、美術を学ぶことの意義や価値を実感することにつながると考えられる。

　前述の中学校美術科の題材「自画像」における生徒の意識調査では、設定した自己目標の内容と生徒の制作に対する満足感について、次のような関連が見られた。

・「描写や技能に関する自己目標」を設定した生徒の「満足感を得られた」「まあまあ得られた」とする割合……44.4%
・「制作の姿勢など自己の内面に関する自己目標（例えば、心を込めて丁寧に描くなど）」を設定した生徒の「満足感を得られた」「まあまあ得られた」とする割合……85%

　調査結果から、「制作の姿勢など自己の内面に関する自己目標」を設定した生徒の方が、作品制作後の満足感が高いことが分かる。これは、「描写や技能に関する自己目標」では、作品の技術的な面について、自分や周囲の客観的評価（作品の「上手」「下手」等）による厳しい現実に向き合うことになるのに対して、「制作の姿勢など自己の内面に関する自己目標」では、評価対象が自己の内面や在り方であることから、自己肯定的な解釈がなされたと考えられる。このことは美術が苦手な生徒にとって、「制作の姿勢など自己の内面に関する自己目標」がなければ、「作品の失敗」や「技術的に低いレベル」などのマイナス評価だけが積み重なる恐れがあることを示している。青年前期の生徒は、他者の客観的評価を意識する時期である。描写力の不足から、「うまく描けない」と不満足な経験を重ねることで、「美術嫌いの生徒」をつくることも考えられる。自己目標の設定は、作品制作後の生徒の満足感に密接に関連することから、積極的に学習活動に取り入れることで美術に対するポジティブな意識を醸成する効果が期待できる。

| 4 |　生徒の思考の多様性と思考の型

造形表現活動における「意識の流れ」

　造形表現活動には、導入から発想・構想、制作、学習のまとめまでの「制作の流れ」と生徒の内面的な思考や感情の変容である「意識の流れ」の二つがある。「制作の流れ」は、学習活動として、生徒の様子やアイデアスケッチ、作品などの学習成果物からその状況を把握することができる。しかし、生徒の内面的な思考を軸とする「意識の流れ」については、外部から観察することはできない。生徒の意識は、制作の過程で表現に悩んだり、行き詰まっていたときにアイデアを思いつきうれしくなったりするなど、常に流動的で変化する。学習活動は、このように可視化されない生徒の意識によって支えられているのである。教員がそれらを把握することは困難であるが、生徒の様子を観察したり、積極的なコミュニケーションを図ったりすることで「意識の流れ」に寄り添い、受け止める指導・助言を行うことが大切である。

生徒の思考過程のタイプ

　ところで、発想・構想の段階で、生徒はどのように主題を生み出しているのだろうか。学習過程で思ったことや考えたことなど、内言としてのつぶやきを記録することによって、自分がどのように考えて制作したのか、生徒は自分の思考過程を確認することができる。「つぶやきメモ」は、学習カード形式の用紙に自分の感情を思いついたときに自由に書き留める記録である。「つぶやきメモ」を用いて記録した発想・構想段階における生徒の思考に関する調査（公立中学校2年生対象、題材名「抽象版画」2013）では、次のようなタイプが確認された[4]。

◆「作品テーマとなる『言葉』から構想」する思考過程
　題材のねらいや内容を捉えて、構想の早い段階から「言葉」によるテーマ設定がみられる。その後は「言葉」の概念からイメージし、画面を構成していく。概念的思考が優位に働くタイプである。

◆「形や線の描写から構想」する思考過程
　言葉によるテーマ設定はなく、何となく手を動かして形や線を描くことをする中で、視覚化された形や線から発想し、自己のイメージを形成していく。

◆「全体のイメージから構想」する思考過程
　漠然と浮かんでいる作品全体のイメージを基に、無意識に描かれた不定形の形や線などを画面配置したり、結合したりする作業をしながら、画面全体を構成し、テーマを生成していく。

◆「他者の作品から構想」する思考過程
　参考作品や友だちの作品を参考にしながら、自分の感性に合う部分、共感できる部分を選択して作品に取り入れ、組み合わせて全体を構成していく。

　調査結果から、生徒の思考過程は多様で、様々なタイプがあることが分かる。指導計画を立てる際は、一つの方法で発想させるのではなく、複数の発想の手立て（参考画像資料やマインドマップ、アイデアスケッチ、文章記述など）を準備し、生徒が自分の思考過程に合った方法で発想できるようにする。

| 5 | 造形表現活動における言語活動

言語化による表現の固定化

　美術の特質は、形や色彩による創造的な表現である。言語のように、文字や記号を用いて定められた用法に従い、内容を正確に伝達する手段とは異なり、美術の表現は、多義的で曖昧である。この曖昧さは、自由な解釈を受け入れ、固定化されない。創造的な造形表現活動の過程は、自己のイメージを探求する中で、自己内対話が絶えず繰り返され、流動的に展開する。生徒の思考も自己と向き合う中で変容していくと考えられる。

　これに対して、自己のイメージを言葉にして表現する（「言語化」）ことは、どのような意味をもつのであろうか。美術の授業では、発想・構想の過程で、表現したいことを言葉で書き表したり、考えた主題をグループ内や全体で発表したりする。自分の中で不確定で曖昧であるがゆえに、多様な広がりや変化の可能性を内包する生徒の思考やイメージは、話される言葉の力によって客観化され、存在することになるのである。このことはどのような意味をもつのか、ボルノーは、「人が自分の言葉で固定される現象」を次のように述べている。

> 　人間自身も、自分の話す言葉の影響を受けて変化する。言葉にならずに人の心の中で起こっていることも、完全な意味で存在しているわけではない。それはまだ不特定で区分されていず、任意の別の解釈や偽造さえも可能である。他の者の前にそれらが語られて初めて、それは存在し、現実のものとなり、もはや世界から消すことはできない。人はそして自分の言葉にとらえられることがあり、自分の言葉を守らねばならない[5]。

　美術においても、発した言葉によって創造的な表現活動が固定化されることが予期される。つまり、他者に向けて発信した主題や表現方法は、制作の過程で生じた気持ちの変化や新たな気付きによる作品の変容を抑制することが考えられるのである。また、表現のイメージ形成が、言葉によって整理され語られることで達成されたならば、造形表現の契機となる生起した感情や意欲は、言語化によって達成された時点で減退することもあるだろう。

　一方で、思考の言語化には、言葉の概念からイメージを広げたり、漠然としたアイデアを整理したりする利点がある。考えたことを書いたり、話し合ったり、発表したりする言語活動は、考えを広めたり深めたりする。言語活動を授業に取り入れる場合は、表現の固定化につながらない配慮と効果の両面を十分に検討する必要がある。

学習指導要領における言語活動の扱い

　『中学校学習指導要領（平成29年告示）』では、生徒に生きる力を育むことを目指し、学習の基盤となる言語能力の育成と言語活動の充実が示されている。言語能力の育成については、「各学校において必要な言語環境を整えるとともに、国語科を要としつつ各教科等の特質に応じて、生徒の言語活動を充実すること（総則第３の１-《(2)》）」とされ、美術科では、「アイデアスケッチで構想を練ったり、言葉で考えを整理したりすることや、作品などに対する自分の価値意識をもって批評し合うなどして対象の見方や感じ方を深めるなどの言語活動の充実を図ること（第２章第６節美術第2-3）」となっている。美術科の目標、内容との関連を踏まえ、生徒の発達の段階や言語能力を十分に把握した上で、言語活動の効果的な位置付けを図ることが必要である。

第2節 子供の発達と描画活動

|1| 子供の発達と教育

「発達の最近接領域」の理論

　教育内容は、子供の発達段階や実態を考慮し、適切に選ばなければならない。ヴィゴツキーは、子供への教授——学習との関係を考えるときに、子供がすでにできること、成熟した機能だけでなく、成熟しつつある機能を見て働き掛けなければいけないと述べている。子供が学校で指導を受けて今日できることは、明日には自分一人でできるようになることから、現下の水準ではなく、子供の成熟しつつある最近接の知的機能の領域に働き掛けることで指導の成果が上がるというのである[1]。子供は知的行為の模倣によって、自力で合目的的な行為をすることができる範囲を超えていく。しかし、それは無限の可能性があるのではなく、発達段階によって決まった範囲（「発達の最近接領域」の範囲）がある。ヴィゴツキーは模倣の概念を、「子供が一人ではできないけれども、学ぶことができ、指導を受けながら、あるいは誘導尋問に助けられて協同で遂行することのできることのすべて」と定義している[2]（図1）。

図1 発達の最近接領域

　ヴィゴツキーの「発達の最近接領域」（Zone of Proximal Development: ZPD）は、教員の教育的働き掛けと教育効果の関係から、学習内容の適切なレベルを決定する上で重要となる心理学理論である。ZPD理論を基に考えると、学習内容が、子供が身に付けた能力を使ってできる水準で、発達においてすでに成熟した機能を利用するに過ぎなければ、その学習は子供の発達の促進や新たな能力の獲得にはつながらないことになる。指導計画を立てる際は、子供の発達や知識・技能の習得状況を把握し、他者の援助や指導により、より高いステップに移行できる水準の内容を検討する必要がある。

ロートによる人間の発達のモデル

　人間の発達についてロート（Heinrich Roth 1906-1983）は、次の三つの段階モデルによって、らせん状に発達が続くことを示している。第一段階は、新たな環境の変化による刺激などによって、「これまでの均衡が妨げられる段階」である。例えば、入学や就職などでこれまでと違う新たな環境の刺激や状況がもたらされると、生活スタイルは一変し、これまで続いた均衡状態は妨害されて失われることになる。第二段階は、「新しい均衡の再生産を求める努力と探究の段階」である。新たな環境の刺激で破られた均衡に対して、適応や形成、同化、協調の働き掛けが

なされる。例えば、環境の変化や影響に対して自分自身を変えていくこと（調節）や、自分が環境の方を改革して、環境を自分に順応させていくこと（同化）などである。第三段階では、このような働き掛けの結果、外界に対する新たな関係が生み出され、「新しい均衡の達成の段階」に至り、人間が自分自身を乗り越えていくという。どの発達段階も、達成した一つの新しい均衡を意味し、人間の生成過程においては絶えず外界との新しい均衡に達するが、その均衡状態は新たな環境の変化によって妨害され再び失い、再発見、再構成が繰り返される[3]。

一方で、ロートは、発達段階を固定的に確定したものとして捉えることは否定し、発達事象のもつ多様さと複雑さを語る図式は存在しない、と述べている。子供の発達や学力の形成過程は個々に異なり、一つの基準や目安に等しく当てはまるものではないことを踏まえておかなければならない。

|2| ローウェンフェルドの研究

発達段階理論

子供の描画活動は、主観的な感情や感覚によって決定される独自の性格をもっている。子供が描く絵によって、児童期の描画の発達段階を区分しようとする研究は、20 世紀に入ってから盛んに行われた。ローウェンフェルドは、2 歳から 17 歳までの子供の発達と描画表現（人物や事物の描き方、空間の配置など）との関係を 6 段階に分け、発達段階に見られる描画表現の特徴や適した題材、材料、技法などを次のようにまとめている[4]。

◆ 「なぐり描きの段階」（2〜4 歳）

自己表現の最初の段階である。この年齢の子供は、自分の手足の動作を制御・調整することができないために、動作を反復させたでたらめの線を描く。腕、手首の運動が刺激となった活動である。次第に腕全体の運動で円形の線が見られるようになり、なぐり描きに「これはお母さん」など注釈がつくようになる。これは、「運動感覚的思考」から「想像的思考」に変化したことを意味する。

◆ 「様式化前の段階」（4〜7 歳）

なぐり描きから、再現への要求が始まる最初の試みの段階である。子供は頭を丸い線で、足は長い線を引いて人間を描き始めるようになる。子供が描くものは、自分にとって「能動的」に重要なものだけであり、画面上のものとものには空間的相互関係はない。

◆ 「様式化の段階」（7〜9 歳）

人やものの様式的な表現には、そのものに対する子供の形態概念、意味が表されており、特徴や主観を強調しようとする。この段階の本質的な特徴は、目で見ているものを写生したのではなく、子供は主観的に、経験、記憶に基づいて描いているという点である。そのため実際には見ていないものを描き加えたり、自分の中ではそのものではないと思っている箇所は省略したりする。

例えば、家や車・電車の中の、実際には見えない内部の人を見えているかのように描くことが見られる（「レントゲン描法」「X 線画」）。これは、子供にとって、内部が外部よりも情緒的に重要な部分であることを意味する。また、空間概念が生まれ、画面下部に地面を表す「基底線」

(base line) を描くようになる。子供は、自分を世界の一部分として認識するようになり、自分と環境との関係を一本の線で再現しているのである。この線上に人やものが描かれるが、遠近感や前後の重なりを表現することはまだできない。画面の上下を使って、手前に位置する人や物の上に、それよりも遠くにあるものが描かれる。

◆ 「ギャング・エイジ——写実的傾向の芽生え」（9〜11歳）

　自己意識が拡大し、様式的表現を脱して、実物のように写実的に描こうとし始める段階である。現実に近い表現をしたいという欲求が芽生えて、子供はものとものとの関係や細部を描くことが多くなり、絵が実際の姿に近づいてくる。情緒的に重要な部分を詳しく描き込み、誇張して表現する。やがて、地面から生えた木が、空を部分的に覆っていることに気付くようになり、この経験から、手前のものを遠くのものに重ねて位置関係を表す「重なり合い」（overlapping）ができるようになる。

◆ 「疑似写実的段階」（11〜13歳）

　自分が見たとおりに実物らしく描こうとするが、十分に写実的に表現することはまだできない時期である。凹凸や遠近感を表現しようとするものの、遠近感や陰影法は使えないので、自分の工夫によってこれを表現しようとする。全体として表現は、実際の形に、より近くなってくる。
　「視覚的傾向」の子供と「非視覚的傾向」の子供の特徴が見られる。多くの子供は、両方の特徴を示すが、「視覚的傾向」では、詳細な観察により、人物やもの、空間を正しく写実的に表すことに関心をもつのに対して、「非視覚的傾向」では、自らの主観的解釈によって、情緒的に重要で興味がある部分に固執した描写表現が見られる。

◆ 「決定の時期——青年期の危機」（13〜17歳）

　創作活動における「青年期の危機」といわれる時期である。危機とは、成熟期へ移る際の身体的、情緒的な変化の影響がもたらす困難であり、制作に対する子供の自信喪失である。この時期は、すでに無意識的な子供らしい表現方法を脱して、質的かつ客観的描写によって、事物を正確に表現しようとする特徴が見られる。
　しかし、自分の技術力の不足や自己表現のための意識的な表現方法をもたないこと、批判的思考の強まりなどから、描画に対する関心や創作意欲、自信を失い、造形表現活動から離れてしまうこともある。描画技術は、思春期頃に発達が止まる傾向があり、それ以降は、計画的な指導が必要となる。
　子供の成長をより的確に理解するために、ローウェンフェルドは、知的成長、情緒的成長、社会的成長、知覚的成長、身体的成長、美的成長、創造的成長の各面から分析する評価表を作成し、これらを基に子供の成長を全体的に捉える重要性を指摘している。これらの研究は、「子供の絵をどのように理解するか」という深い人間理解に基づき、子供の表現に関わる大人や指導者に、「子供の表現に向き合う姿勢」を示すものである。
　なお、児童期の描画の発達段階については様々な区分があり、発達区分は研究者間で必ずしも一致していない。リュケ（Georges Henri Luquet 1876-1965）によると子供の描画発達は、目の前の対象がどう見えたかよりも、自分のもっている対象の内的モデルに基づいて絵を描こうとする知的リアリズムの段階から、見えた通りに描こうとする視覚的リアリズム（写実性）への移行であるという[5]。

「視覚型」「触覚型」

　経験の世界に対する反応の違いから、美術表現における事物の観察、把握に対する二つの型が見られるとする研究である。

　「視覚型」の人は、通常、外観から事物に接近し、対象に対して、始めに全体の輪郭を見て形の印象を把握する。次に、この印象を基に、細部を観察・分析し、最後に全体的な形として統合する。樹木に例えると、全体の形を見て、それから部分的に葉や枝などを観察し、最後にそれらを樹木全体として統合するのである。「視覚型」は、周囲の環境から出発して、目を手段に経験する。創造の過程でも対象の輪郭から始まり、次第に対象の本質を見極め、細部を表現していく。「視覚型」は、感情的、運動感覚的な見方をせず、再現的な絵を描く傾向があるという。

　これに対して、「触覚型」の人は、触覚や自分自身の身体感覚、運動感覚的経験と自我を関連付け、感情の内面世界に関心がある。主観的で、情緒的な価値の大きさ、重要さ、自己の経験などを絵に投影する傾向があるという。「触覚型」の創造の過程では、普通、部分的印象を統合させることはなく、自らの触覚的経験で満足して終わる。ローウェンフェルドの調査では、被験者の47%が視覚的、23%が触覚的で、30%は確認できないものであったという[6]。

| 3 | 　発達による変化と思春期の危機

　小学校高学年くらいから自己意識に伴う様々な変化が起こり、児童は自分を客観視したり、他人と比べたりするようになる。小学校図画工作科の授業では、これまで創造的な造形表現活動を楽しむことで満足していた児童も、発達に伴って自分の学習活動を振り返るようになり、造形表現に対する新たな自己評価の規準をもつようになる。さらに思春期（12〜15歳）には、自分のよさが見えてくる反面、他者との比較から自分に劣等感を感じることが多くなる。他者への意識が高まり、友だちなど周囲の評価に振り回されたりする。中学校美術科の授業では、作品の完成度や写実的描写の技術程度が高まるだけでなく、自他の客観的評価を免れることができなくなる。この時期、生徒間において作品は、「上手」「下手」の二元論で評価されるといっても過言ではない。生徒自身が、友だちと比べた自分の造形表現の技能、力量のレベルが客観的に分かるようになるからである。

　ジョンストン（William Johnstone 1897-1981）は、12歳から15歳までの子供に起こる感情の混乱や変化が創造活動に及ぼす危機について、この時期の指導の難しさを指摘している[7]。また、ヴィゴツキーは、子供の発達過程における「危機的年齢」と「安定的時期」の存在を区分し、学童期から思春期にかけての「危機的年齢の時期」の多くの子供に表れる人格の内面における不調和や葛藤など、急激な変化を説明している[8]。

　その他の研究でも、小学校高学年から中学校の年齢段階で、子供の描画に対する失望や意識の冷却が起こることが示されている。描画に対する意欲が減退し、興味・関心も変化する過渡期ともいえるこの時期に、美術科教育で適切な学習指導や外的刺激がなければ、子供は自ら描くことをやめてしまうことが考えられる。

|4| 抽象概念の発達

▌抽象的なテーマを表現する題材

　造形表現のテーマを考えるとき、その内容が子供の発達段階に合っているかどうかを検討することが重要である。例えば、「希望」をテーマに水彩絵の具による描画題材、あるいは粘土で造形する題材は、何歳ぐらいから設定することができるだろうか。「希望」とは、実現を望む願いや期待を意味し、具象の形態がない言葉である。可視化されない「希望」という言葉を表現するには、その言葉の概念を理解していることが前提となる。

　抽象概念を形象化することは、その意味内容をイメージし、それを形や色彩に変換して全体を構成することである。そのためには、形や色彩など造形要素の性質や感情にもたらす効果についての理解も必要となる。よって抽象的なテーマを表現する題材は、言葉の概念理解ができる青年前期以降の実施が適当と考えられる。

▌「科学的概念」の発達

　ところで、言葉の概念はどのように形成されていくのか。ヴィゴツキーは、子供が対象となる言葉の概念を自覚しながら思うままに使えるようになるには、概念について「体系」ができている必要があるという。例えば、子供が「花」という言葉を知っていて日常会話の中で使えていても、「花」とは何であるかということを説明することは子供にとって難しいことである。「花」の概念は、多様な形、大きさ、色をもった花、茎や葉、根、実や種などとの間に関係を打ち立てるときに、初めて形成される[9]。このような一般的で普遍的な概念をヴィゴツキーは「科学的概念」と呼んでいる（図2）。科学的概念は、子供が日常の生活体験の中で自然と身に付けていく自然発生的概念が、ある一定の水準に達していなければ習得できない。科学的概念は、学童期の終わり頃になって出現する[10]。

　科学的概念の発達は、子供がそれについてもっている経験との結合によってもたらされる。例えば「花」の概念については、実際にバラやサクラなどの花を過去に見知っている経験があるかどうかによる。子供は、このように対象を正確に意識化して、論理的関係を打ち立てることで概念そのものを理解し、その概念を操作する抽象的思考に到達する[11]。思春期が始まる頃から科学的概念の形成が進むとともに、抽象的・論理的思考や自己知覚・自己観察の集中的発達が進み、子供は自分の内的世界を理解し始めるようになるのである[12]。

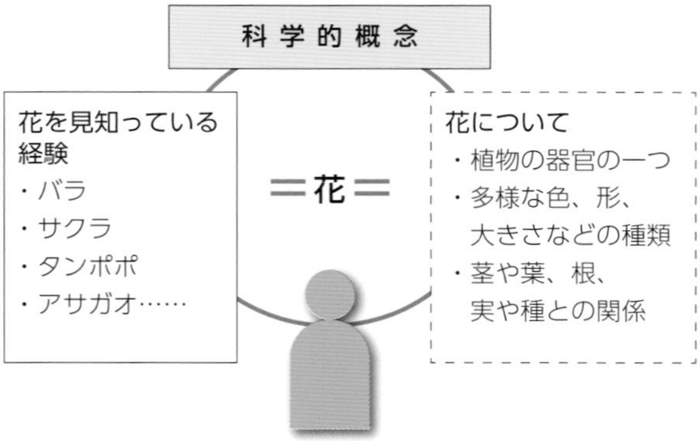

図2　科学的概念の形成

第3節 年間指導計画の作成と系統的な指導

1 教科経営

　学校目標の実現を目指し、学校経営方針を基に各教科担当者は、「教科経営案」を作成して教科経営を行う。「教科経営案」は、学校経営方針、学習指導要領や学校・地域・生徒の実態、教育課題を踏まえて、教科の目標、指導方針、授業改善の取り組みなどを記述したものである。

　教科経営の1年間の流れは、教科経営案、年間指導計画の作成（3月）、題材ごとの指導・評価計画を基に、授業の実施・振り返り・評価の実施（4月～3月）、次年度に向けた見直し・改善（3月）である（図1）。

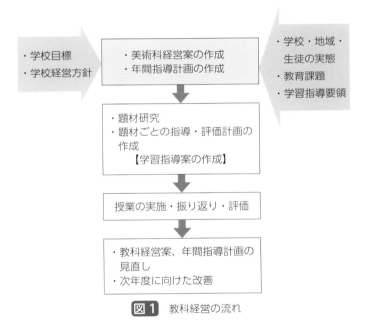

図1 教科経営の流れ

カリキュラム・マネジメント

　教科経営案、年間指導計画は、一度作成したら毎年同じでよいというわけではない。学校評価における生徒の授業評価や保護者アンケート、生徒の実態、教員の自己評価結果などを踏まえ、成果の上がっているカリキュラムについては継続し、一層の充実を図る。また、課題のある場合は、内容、方法を見直し、改善する。

　図2のように、「Plan（計画）──教育課程の編成」「Do（実践）──教育活動の実施」「Check（評価）──学校評価（教育評価）」「Action（改善）──次年度に向けた見直し」のマネジメントサイクルで、教育課程の組織的・継続的な見直しを行うことにより、教育活動の質を向上させていくのである（「カリキュラム・マネジメント」）。

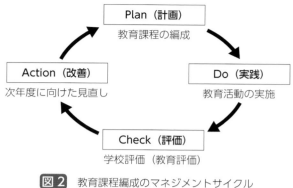

教育課程編成のマネジメントサイクル

多角的視点に立った教科経営

　学習指導要領（平成29・30年告示）で、教科等の目標や内容が三つの柱によって整理されたことで、各学校には、教科等横断的な視点に立った教育課程の編成が求められている。具体的には、教科等の枠組みを超えた、課題解決に向けた協働的な探究活動を教育課程に組み込むことである。美術科においても社会とのつながりを意識した教科等横断的・総合的な視点で問題解決を図る資質・能力の活用と育成を視野に入れた学習を検討する必要性が高まると考えられる。例えば、「伝統や文化に関する教育[1]」の内容で社会・音楽・美術科を関連付けた学習や「郷土や地域に関する教育[2]」内容で、総合的な学習の時間と美術科の連携による地域社会とのつながりを重視した学習などである。

　今後は、社会における美術の役割や有用性を高めることを目指した学びの可能性の一層の追求と多角的視点に立った教科経営が必要である。

10

2 　年間指導計画の作成

　年間を通して学年ごとに、題材名（主な学習内容）、題材の予定授業時数、実施時期を配置したものが「年間指導計画」である。各教科の内容と授業時数は、学習指導要領に示されているが、内容を教える順序や実施時期は各学校が定めることになっている（学習指導要領は教育課程の大綱的な基準）。

　学年の始まりは、4月1日で、終わりは翌年3月31日と定められている（学校教育法施行規則第五十九条）。年間指導計画は、始業式から翌年3月修了式までの夏季・冬季・学年末休業期間を除いて、年間35週以上で作成する。教科等や学習活動の特質に応じて、効果的な場合には、夏季、冬季、学年末の休業日の期間に授業日を設定することができる[3]。年間指導計画は、前年度教育課程編成時に、学校教育目標、学校経営方針、指導の重点、教科の目標及び内容、学校行事予定、生徒・地域の実態等を踏まえ、学習指導要領を基に教科担当者が作成する。

20

標準授業時数

　学校教育法施行規則第五十一条（別表第一）（小学校）、第七十三条（別表第二）（中学校）に定める各教科等の年間授業時数を「標準授業時数」という（表1）。

学校教育法施行規則（昭和二十二年文部省令第十一号）

第七十三条 中学校（併設型中学校、第七十四条の二第二項に規定する小学校連携型中学校、第七十五条第二項に規定する連携型中学校及び第七十九条の九第二項に規定する小学校併設型中学校を除く。）の各学年における各教科、特別の教科である道徳、総合的な学習の時間及び特別活動のそれぞれの授業時数並びに各学年におけるこれらの総授業時数は、<u>別表第二に定める授業時数を標準とする。</u>

（下線は筆者による）

表1 別表第二（第七十三条関係）

区　　分		第1学年	第2学年	第3学年
各教科の授業時数	国語	140	140	105
	社会	105	105	140
	数学	140	105	140
	理科	105	140	140
	音楽	45	35	35
	美術	45	35	35
	保健体育	105	105	105
	技術・家庭	70	70	35
	外国語	140	140	140
特別の教科である道徳の授業時数		35	35	35
総合的な学習の時間の授業時数		50	70	70
特別活動の授業時数		35	35	35
総授業時数		1015	1015	1015

学習指導要領（平成29年告示）における中学校美術科の標準授業時数は、表2の通りである。中学校の1単位時間は50分である。高等学校芸術科「美術Ⅰ」「美術Ⅱ」「美術Ⅲ」では、1単位時間50分、35単位時間を1単位として計算し、表3の標準単位数を履修することになっている。

表2 中学校美術科標準授業時数

	第1学年	第2学年	第3学年
美術科	45	35	35

表3 高等学校芸術科美術標準単位数

	美術Ⅰ	美術Ⅱ	美術Ⅲ
芸術科	2単位	2単位	2単位

授業時数の配当

　教育課程を編成する際には、各教科等の年間授業時数が別表第二に定められた標準授業時数を下回ることがないように、標準授業時数を上回る時数を配当する。これは、標準授業時数を実質的に確保する観点から、あらかじめ自然災害や流行性感冒による学級閉鎖等の事態も想定し、各教科に余剰時数を配当しているのである。

10

単元（題材）と教材

　「単元」とは、教科における一定の目標をもつ学習内容の有機的なまとまりである。図画工作・美術科では、目標、内容の他に材料、用具、表現方法を含む造形表現活動の特性から「題材」と呼称している。「教材」とは、目標、学習内容を達成することを目指して、教授に用いる材料、用具の総称である（例・題材名「文字のデザイン」、教材：教科書、資料集、ポスターカラー、画用紙）。

　美術の題材は、発達段階に応じて目標（ねらい）や表現方法、素材を変えることで、様々な展開が可能である。例えば「自画像」は、水彩画の写実的な表現、コラージュや想像画との組み合わせによる創造的な表現、単純化・強調による表現、彫塑や彫刻による表現など、小学校図画工作科から高等学校芸術科美術まで扱うことができる題材である。また、学校行事等、教育課程との関連を図った題材は、生徒の興味・関心が高まり、主体的に学習に取り組む態度の向上が期待できる。例えば、行事のポスター、体育祭クラス旗や装飾の共同制作、修学旅行、職業体験を基にした絵や版画、卒業制作などが考えられる。

◆ 「スコープ」と「シークエンス」

　カリキュラムや単元を計画・組織していくときに用いられる指標である。

スコープ（scope）

　教える内容の一定のまとまり（「領域」「範囲」）で、「何を、どのようなまとまりで教えるか」を決定する指標。

シークエンス（sequence）

　学習の順序・系統性（「学年系列」「配列」）で、「どのような順序で教えるか」を決定する指標。

　スコープとシークエンスのそれぞれが交差したところに位置付くのが単元（題材）である（図3）。図画工作・美術科の特徴は、他教科と比較して題材選択の幅が広く、配列が詳細に決められていないことである。

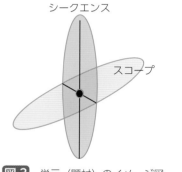

図3　単元（題材）のイメージ図

指導計画作成上の配慮事項と内容の取扱い

　年間指導計画の作成にあたって、学習指導要領に従い、以下のことに配慮する[4]。

◆中学校美術科第1学年

・造形表現能力を幅広く身に付け、知識・技能の基礎の定着を図る。

・絵や彫刻、デザインや工芸の「描く活動」と「つくる活動」を45時間で全て扱うことから一題材に充てる時間は少なくする。

◆中学校美術科第2学年及び第3学年

・第1学年で習得した知識・技能を活用し、より創造的で深い表現を目指す（図4）。

・一題材に十分な時間を取り、2学年間で絵や彫刻、デザインや工芸の「描く活動」と「つくる活動」全てを指導する。

・「描く活動」と「つくる活動」はいずれも経験させ、著しい偏りが生じないよう調和的に行う。

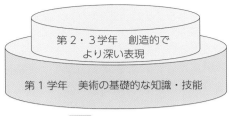

図4　学びの系統性

◆美術科におけるスケッチの扱い

中学校学習指導要領では、スケッチについて、「見る力や感じ取る力、考える力、描く力などを育成するために、スケッチの学習を効果的に取り入れるようにすること[5]」とある。美術科のスケッチには、①「対象を捉えて描くスケッチ」、②「発想や構想を練るスケッチ」、③「プレゼンテーションとしてのスケッチ」の三つがある。スケッチは、描画の技能の習得だけでなく、発想や構想の能力など「思考力、判断力、表現力等」を育成するものであることから、授業で効果的に取り入れていく必要がある[6]。

◆鑑賞の授業時数

鑑賞には、「表現との関連を図った鑑賞」と「独立して扱う鑑賞」の二つがある。学習指導要領では、鑑賞に充てる時数は明記されておらず、「適切かつ十分な授業時数を確保すること」となっている。表現との関連を図った鑑賞は、題材導入時の参考作品の鑑賞、制作途中の鑑賞、完成した作品の鑑賞などがある。この場合は、表現題材の時数に含まれる。独立した鑑賞は、年間指導計画に題材名を位置付け、授業時数を明記する（例：「鑑賞　絵巻物―鳥獣人物戯画」《1時間》）。

◆高等学校芸術科美術Ⅰ

・内容の「A 表現」及び「B 鑑賞」の指導については、中学校美術科との関連を十分に考慮し、「A 表現」及び「B 鑑賞」相互の関連を図る。
・内容の「A 表現」の（1）絵画・彫刻については絵画と彫刻のいずれかを選択したり一体的に扱ったりすることができる。また、（2）デザイン及び（3）映像表現についてはいずれかを選択して扱うことができる。

◆高等学校芸術科美術Ⅱ

・内容の「A 表現」については（1）絵画・彫刻、（2）デザインまたは（3）映像メディア表現のうちから一つ以上を選択して扱うことができる。また、内容の「A 表現」の（1）については、絵画と彫刻のいずれかを選択したり一体的に扱ったりすることができる。

◆高等学校芸術科美術Ⅲ

・内容の「A 表現」については（1）絵画・彫刻、（2）デザインまたは（3）映像メディア表現のうちから一つ以上を、「B 鑑賞」の（1）については、アまたはイのうち一つ以上を選択して扱うことができる。また、内容の「A 表現」の（1）については絵画と彫刻のいずれかを選択したり一体的に扱ったりすることができる。

▌年間指導計画の作成

年間指導計画の作成にあたっては、始めに学習指導要領に基づき、中学校 3 年間を通して美

術科で育成する資質・能力を明確にする。義務教育修了年度である第3学年で、どのような資質・能力が身に付いていなければならないのか、出口を見据えた最終ゴールの生徒の姿を具体的に設定することが始まりである。

　例えば、年間指導計画の第3学年で、「体育祭のポスター」のデザイン題材を配置し、色彩の効果や構図、レタリング、モダンテクニックの技法等を活用し、創意工夫して表現することを目指すとしよう。

　次に、生徒がこのポスターを制作するためには、どのような造形表現の基礎的な知識・技能の習得が必要であるかを検討する。具体的な内容として、色彩、配色、構成美の要素に関する知識やポスターカラーの混色の仕方、レタリング、モダンテクニックの技法、遠近法などが考えられる。ここからさかのぼって、これらの知識・技能を第1・2学年で習得するための題材を順に配置していくのである（表4）。その他の例として、第2学年「自画像」の題材で、生徒が自己の内面を見つめ、陰影や立体感のある自画像を水彩絵の具で表現できるようにすることを目指すならば、第1学年で、明暗の調子のつけ方や、形や面の捉え方、水彩絵の具の混色の仕方などを扱う題材を配置しなければならない。

　年間指導計画の作成は、表現領域の絵や彫刻、デザインや工芸で、最終的に達成を目指す題材を始めに配置し、それを実現するために必要な題材を学年を下げて逆向きに配置していくことがポイントである。ゴールを明確にすることで、各学年で習得する知識・技能に関する目標や内容が明確になり、3年間を見通した系統的な指導を行うことができる。

表4　段階的な指導の例

（　）内は時間数

	第1学年	第2学年	第3学年
4月	「色の学習」（1） ・三属性、混色の仕方	「野菜の平面構成」（4） ・野菜の色や形の特徴を捉えたスケッチ ・構成美の要素 ・画面構成、配色の工夫 ・単純化	「体育祭のポスター」（5） ・モダンテクニック ・レタリング ・画面構成、配色の工夫
5月	「文字のデザイン」（4） ・レタリングの方法（明朝体、ゴシック体） ・ポスターカラー、平塗り 「多様な表現を楽しむ——モダンテクニック」（1）	「教室から見た風景」（4） ・遠近法、一点透視法	

３　知識・技能の習得

　自分の思い描くイメージを具現化し、創造的に表現するためには、美術の知識や技能が備わっていなければならない。知識・技能は、個別に存在するのではなく、美や芸術の法則に関する知識（例えば、造形要素、黄金比、遠近法など）と技能は密接に関連し、常に切り離せないものである。

　再現的描写のための訓練として技能を学ばせるのではなく、知識との関連を図りながら、生徒

の直接的興味や主題の表現に関連付けて技能を扱うよう指導計画を練ることが重要である。技能を習得するには、試行錯誤の模倣を繰り返しながら、少しずつ身体で覚え、感覚的に理解していくより他に方法はない。身体で覚えるとは、一連の動きを地道に繰り返すうちに、より効果的・効率的な動きへと修正され、身体の感覚として身に付くことである。教員の説明を聞いて頭で理解しても、すぐにできるようにならないのが技能である。

アイスナーは、著書『美術教育と子どもの知的発達』の中で、「子どもたちの自由にまかせると、彼らは独創性を発揮して、自分の考えを伝えるための形態を工夫して創り出す。しかし、このような取り組みには技術の進歩がともなわないため、多くの子どもたちが技術不足からやる気をなくしてしまい、自分は生来不器用なのだとか『才能がない』のだ、などという気持ちを生じ

10 させるもとになっている[7]」と語っている。

知識・技能の系統的な学びを実現することで、美術の学力形成を図ることが重要である。

| 4 | 描画に関する技能の系統的な指導の必要性

ところで、美術の知識・技能は、小学校図画工作科から中学校美術科までどのように学習されているのか、描画に関する題材を概観する。

図画工作科の内容「A表現」は、造形遊びと絵や立体、工作に表す活動から構成されている（造形遊びとは、体全体の感覚や機能を働かせて材料や場所、空間を基にした造形的な活動）。題材は、材料に触れた感覚や特徴を生かしたり、試したりしながら表現を楽しむ、絵や工作の複合的な造形表現の特徴が見られる。これに対して、中学校美術科の内容「A表現」は、絵や彫刻、デザインや工芸の分野が明確になり、題材では、形や色彩など造形の要素を捉え、観察によって写実的に描写するスケッチなど、基礎的な描画の技術を学習する。

20 青年期前期の中学生は、描画の発達段階では質的描写で、事物間の相互関係や複雑さを自然主義的に捉え、リアルに表現しようとする特徴が見られる。自己の感情や感じ取った印象を主観的に思いのまま表現するのではなく、見えるものを正確に描写したいという生徒の客観的な描写への志向性の変化が起こる時期である。自己の主題を表現するためには、造形表現の基礎的な技能の習得が必要である。

図画工作科の題材は、児童にとって自分の思いを自由に表現する楽しさを味わう学習であるが、小学校高学年になってもスケッチなど素描の経験が少なく、技能の積み重ねがなければ、中学校美術科で学ぶ内容にギャップを感じることになる。校種の区切りによって、図画工作から美術へと教科名が変わり、学習する描画の技術レベルが大きく変化することは、中学校で美術の苦手意識や美術嫌いの生徒をつくる要因ともなりかねないのである。

30 無理なく技能を習得し、表現の深まりや質を高めるためには、図画工作・美術科を通して9年間の連続性を踏まえた段階的・系統的な指導を積み重ねていくことが重要である。

| 5 | 系統的な指導を実現するための試案

質の高い造形表現活動は、系統的な指導によって実現する。「描く活動」に関する基礎的な知識・技能を系統的・発展的に指導するため、試案として図画工作・美術科の9年間の学習内容を段階的に示した（表5）。児童生徒の発達段階や小・中学校の円滑な接続を考慮し、カリキュラムの連続性を図る観点から、通常の小学校6年間、中学校3年間の6・3の区切りではなく、

4・3・2の区切りで構成している。試案では、小学校第1学年から第4学年を「造形活動の経験を広げる時期」、小学校第5・6学年、中学校第1学年を「基礎的な知識・技能の習得と充実を図る時期」、中学校第2・3学年を「創造的な表現を追求し深める時期」と位置付けた。

◆「造形活動の経験を広げる時期」（小学校第1学年～第4学年）

　形や色彩、材料に対する児童の好奇心を引き出し、創造的な造形表現活動に対する興味・関心や意欲を育てるために、クレヨン、パス、水彩絵の具、粘土の他に、身近な自然物（土、砂、小石、木の葉、小枝、木の実など）や人工の材料（紙、新聞紙、段ボール、布、ビニール袋、包装紙、紙袋、縄やひも、空き箱など）を使って、視覚や触覚に働き掛ける多様な造形表現活動を広く経験することを目指す時期である。

◆「基礎的な知識・技能の習得と充実を図る時期」（小学校第5学年～中学校第1学年）

　美術科の創造的な表現の基礎となる知識・技能の習得を重点的に目指す時期である。児童生徒が無理なく習得できるようにするためには、小学校高学年から段階的に知識・技能に関する学習を積み重ねていくことが重要である。各題材の指導においては、技能の訓練ではなく、発想・構想と関連させた創造的な表現活動となるよう留意する。

◆「創造的な表現を追求し深める時期」（中学校第2・3学年）

　これまでに身に付けた知識や技能を活用し、創造的な表現を工夫しながら自己の表現を追求し、深めていく時期である。

｜ 6 ｜　題材の引き出しを増やす

　題材のアイデアは、必要なときにすぐに思い付くものではない。教科書、資料集だけでなく、児童生徒の作品展に足を運び、様々な実践例から造形のヒントを収集する。面白いと思った作品のアイデアは写真に撮ったり、「題材ノート」として書き留めたりするなど資料化し、自分の引き出しを増やすことが美術教員としての力量形成につながる。また、現代アートの展覧会、街のウインドーディスプレイなどから、新たな表現の試み、素材、場所への働き掛け、展示方法などを参考に取り入れ、常に視野を広げるように心掛ける。

図5　造形「さがみ風っ子展」女子美アートミュージアム

表5 「描く活動」に関する9年間の系統的な指導

	造形活動の経験を広げる時期	基礎的な知識・技能の習得と充実を図る時期		創造的な表現を追求し深める時期	
	小学校 第1〜4学年	小学校 第5・6学年	中学校 第1学年	中学校 第2学年	中学校 第3学年
色彩	・色の名前 ・水の量と色の感じ	・三原色 ・重色 ・簡単な混色 ・暖色・寒色	・色相環 ・配色 ・色の三属性 ・混色 ・色の感情	・減法混色、加法混色 ・色の調子・対比	・主題に応じた色、つくりたい色を混色によってつくる
形	・短い線・長い線 ・いろいろな形 ・形の大・小 ・形や線の集まり	いろいろな線、線の強弱、性質 ・線の集合 ・鉛筆の持ち方、削り方 ・大まかな形の捉え方	・明暗の調子とタッチ ・鉛筆の使い方・濃さ、練り消しの使い方 ・陰影の捉え方 ・ハッチング ・形の捉え方 ・立体感の表現	・面を線で表現（クロスハッチング） ・点描 ・鉛筆によるトーン、グレースケール ・立体感の表現、明暗の調子	・人体のバランス ・質感の表現 ・量感、動きの表現
構図	・描きたいものを大きく中心に描く	・手前のものと奥にあるもの（重なり合い） ・近くと遠く	・構図の取り方 ・ものとものの前後関係 ・遠近法（一点透視図法） ・いろいろな角度から立体を捉える	・遠近法（二点透視図法・色彩遠近法） ・水平線、奥行き	・画面構成（構図の工夫・効果） ・空間の表現、空気遠近法 ・視点の位置や角度の違い
描写の技法	・水彩絵の具の使い方の基本 ・色の混ぜ方の工夫 ・ぼかし、にじみ、バチック	・コラージュ ・マーブリング ・ドリッピング、デカルコマニー、スパッタリング、フロッタージュ	・水彩画のぼかしやぬぐいとり、光の表現 ・モダンテクニック（グラデーション、シンメトリー、リピテーション、ドライブラシ）	・タッチ ・描画材の種類（墨の表現、毛筆の使い方、ペン、コンテなど）	・主題に応じた描写技法の選択
題材例	・好きなもの ・楽しかったこと ・夢の世界 ・お話の絵	・クロッキー ・野菜や果物のスケッチ ・ドローイング ・自分の好きなもの、身の回りのものを描く ・風景画	・手のスケッチ ・植物のスケッチ ・友だちを描く ・風景画 ・ドローイング	・円柱・四角柱 ・ドローイング（コンテ） ・ドライポイント ・静物画 ・抽象表現	・自画像 ・想像画 ・ボックスアート ・心象風景 ・抽象表現 ・時間の表現

第4章　●　指導計画の作成

第4節 題材研究と授業準備

1 授業とは

　教育課程を構成する教科、科目には目標があり、その目標の達成を目指して授業を計画・実施する。授業が一般的な体験と異なるのは、授業を通して身に付ける資質・能力【目標】が設定され、学習活動によってそれらがどの程度達成されたか、【評価】をすることである。授業は、「学習者（生徒）」と「指導者（教員）」、その関わりの媒体としての「教材」の三つの要素によって構成される（図1）。学習者と指導者の関係は、指導者から学習者への一方的な教授活動（指導）ではなく、題材（教材）を通した相互作用である。

　美術教員は、授業を通して生徒に美術を学ぶ楽しさや意義を伝えるとともに、美術の基礎的な知識・技能を確実に習得させ、これらを活用して創造的に表現する諸能力を育成する。生徒が主体的に学習に取り組むように指導方法を工夫し、状況に応じて生徒に指示したり、支援したりするなど意図的、計画的な働き掛けをする。生徒にとって「楽しい」だけの授業ではなく、生徒の実態を把握し、「学びや上達が実感できる授業」、「達成感のある授業」をつくることが重要である。生徒は、学習過程での困難を自らの力で乗り越えることによって、自己肯定感を高め、学ぶ意義を実感する。

図1　授業の3要素

「自分が目指す美術授業」を明確にする

　生徒の興味・関心を高め、主体的に取り組む授業をつくるには、まず教員自身が授業に楽しさを感じ、題材の内容に面白さや興味を感じていなければならない。教員が題材研究を行い、指導計画を立てる際に、わくわくするような内容でなければ、生徒にとっても新たな学びや発見のある魅力ある授業とはならないであろう。「自分が美術の面白さを感じるのはどのようなことからか」、逆に「受けたくない美術の授業とはどのような授業か」を考えることで、「自分が目指す美術の授業」が明確になる。

　教員は生徒に教えるばかりではなく、授業を行い、実践を振り返ることを通して自身が学び、成長していくのである。

授業の構成

　授業の学習過程は、「導入」「展開」「まとめ」の3段階で構成されている。学校教育法施行規則第七十三条別表第二では、授業の1単位時間を50分として計算した年間授業時数を確保することになっているが、実際の授業1コマを何分にするかは、各学校が生徒の実態や教科等の特質を考慮して適切に定めることになっている（文部科学省『中学校学習指導要領（平成29年告示）』総則第2の3《(2)》)。

　1時間の授業計画を立てるには、題材計画を基に、始めに授業を通して生徒に身に付けさせたい資質・能力である目標を設定する。次に、導入、展開、まとめの各段階の指導内容、時間配分及び評価規準を作成する。美術科では、「題材の導入」として、指導計画第1次第1時間目の授

業で、題材の目標や題材に対する興味・関心を高める資料の提示、使用する材料、制作条件、制作手順の説明などを行う。

│2│　題材研究

　年間指導計画に配置した題材について、どのように授業を行うか、教材研究を通して授業づくりを進めていく。題材全体を見通した授業構想を立て、さらに1単位時間ごとの授業内容を検討していく。題材研究は、授業準備として極めて重要である。授業に対する不安が生じるのは、事前に十分な題材研究をしていない準備不足の場合である。教材研究と授業実践、振り返りと評価、改善の積み重ねが教員の力量形成につながるのである。

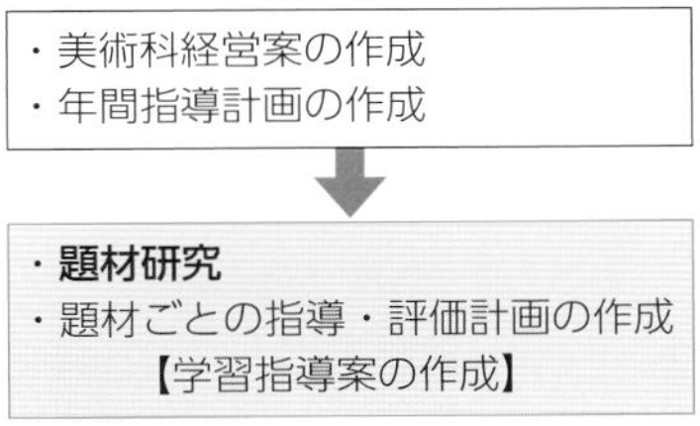

① 題材の価値や有用性を明らかにする

　学習指導要領が示す「美術科の目標及び内容」、「学年の目標と内容」に対して、指導しようとする題材の内容は、どのような点で目指す資質・能力の育成に関連し、効果が期待できるのか、学習指導要領解説 美術編、教科書、資料集を基に題材の価値を確認する。美術科の指導内容について、保護者から問い合わせがくることもある。教科書に掲載されていない題材を計画して実施する場合、題材の有用性の根拠となるのは、学習指導要領に示された教科の目標、各学年の目標や内容との関連である。学習指導要領に準ずる題材の目標や内容、評価規準であることに留意し、指導計画、評価計画を作成することが重要である。また、素材の発展性や多様な考え方、使い方ができること、創造性の発揮が期待できる題材であるかどうかも重要である。

・美術科経営案の作成
・年間指導計画の作成
↓
・**題材研究**
・題材ごとの指導・評価計画の作成
【学習指導案の作成】

図2　教科経営の流れ（第4章第3節図1の一部）

② 領域の系統性を確認する

　年間指導計画を基に領域の系統性（シークエンス）を考え、題材がどこに位置付くのかを確認する。例えば、デザインの「平面構成」ならば、すでに学習したデザイン「色の学習」で習得した知識・技能をどのように活用、発展させるのか、また、その後に学習予定のデザイン「ポスター」との関連から、今回の「平面構成」の学習で新たに身に付けさせる知識・技能は何か、目標や内容を検討する。

③ 生徒の実態を把握する

　生徒の発達段階や生徒の実態（生徒の学力、興味・関心など）に合った適切な内容であるかについて検討する。これまで学習した知識や技能について、生徒の習得状況を把握する。また、授業中の生徒の様子や制作が遅れがちな生徒に対する支援の在り方を振り返り、指導上の課題を整理する。

◆既習内容の確認

　既習内容（題材に関連する分野で、過去に学習した内容）を整理する。例えば、第3学年で題材「文化祭のポスター」を計画した場合、第1・2学年までに生徒がポスター制作に必要なレタリングや色の性質、三属性、配色、平面構成、モダンテクニック、ポスターカラー、アクリルガッシュ等の使い方を学んでいるかなどを確認する。また、それらの知識・技能がどの程度身に

付いているのか、生徒の習得状況と課題を把握する。仮に、平筆による面の塗り方について、学習経験がなければ、授業で技術指導を行う必要があり、指導計画に位置付けることになる。

◆研究における生徒の実態把握

　校内研究や教科部会などの研究授業では、事前に生徒の教科に対する意識、生活経験に関する調査や題材のテーマに関連した調査などを行い、生徒の実態を捉えた基礎資料として学習指導案に記載する場合がある。研究では、授業前の生徒の実態と授業後の生徒の変容を比較し、取り組みの成果を検証する。

④ 試作をする

　表現の題材で指導計画を作成する場合、生徒に表現させようとする作品を事前に試作する。試作を通して、様々な材料や用具、指導法を試し、多角的に検討することで、より質の高い授業を目指すことがねらいである。試作をすることによって次の点が明らかになる。

◆学習活動の区切りを確認する

　中学校第2・3学年の美術科の授業は、週1回、50分である。その中から材料や道具の準備、片付け、連絡事項の伝達などの時間を除くと、制作に集中する時間はさらに少なくなる。学習活動を時間で区切りながら数週間にわたって制作する場合、1回分の授業内容と学習活動の区切りを決め、全体に要する時数を予測する。実際に試作をすることで、指導上のポイントとなる箇所や細かい制作手順、それぞれの段階に要する時間を確認することができる。

◆制作に適した材料を比較する

　使用する材料や用具は、生徒の発達段階やこれまでの学習経験を十分考慮し、扱いやすく創造的な表現の工夫につながる材料を選ぶ。その際、いくつかの素材を試して、特徴を比較した上で決定する。例えば、紙粘土を使用する場合、質感、造形のしやすさ、乾燥時間、乾燥後の強度などが異なる多くの製品がある。使用する環境、条件、価格などにも配慮する必要がある。

◆安全指導の内容を確認する

　実際に美術室の用具・機械類を使って試作をすることで、生徒のけがを防止するために必要な安全指導の具体的内容を確認する。刃物類を使用する場合は、さびの発生などがないか確認し、用具・機械類の整備、必要数の点検を行う。美術室内での材料、用具の置き場所、使用に伴う生徒の動線を考えることも重要である。

◆実物見本をつくる

　試作の際に、制作手順の説明用に途中段階の作品をつくっておくと授業で役立つ。特に立体作品の場合は、実物を見せて説明をすると生徒には分かりやすい。また、あえて良い例と悪い例の見本を用意して比べて見せることも効果的である。例えば、木工作で木を紙やすりを使って磨く場合、どの程度まで磨いたらいいのか、言葉で説明しても生徒にはその仕上がりの状態が伝わりにくい。磨きが不十分なものと丹念に磨き上げた2種類の実物見本を用意しておき、生徒に直接手で触らせてみると、生徒はその滑らかさの違いに一様に驚きの声を挙げる。実物見本があると言葉では伝えにくい素材の質感などの特徴を触覚を通して効果的に伝えることができるのであ

る。

　「制作途中にけがをする生徒が多い」「授業が時間通りに進まない」などの状況は、試作をせず
に授業を行った場合に起こることである。教科書や指導書、実践事例集には、豊富な実践事例が
紹介されているが、記載通りに同じ材料、制作手順で授業をしても、事例通りにはいかないもの
である。生徒の実態や指導者の力量は皆異なることから、他者の実践をそのまま使うのではな
く、自ら試行錯誤しながら題材研究を行うことが大切である。

｜3｜　制作の条件提示

　生徒が見通しをもって制作できるように、制作の条件（使用する材料の範囲や技法の使用な
ど）は前もって明確に設定して、導入時にきちんと生徒に伝える。その条件内で生徒の発想や工
夫が生かせるように自由な選択の範囲を用意するとよい。制作の条件が細かく決められて、生徒
10　に選択や工夫の余地が少ないと画一的な表現になり、創造的な表現に対する楽しさを実感するこ
とができない。反対に、制作の条件を曖昧にして生徒の自由に任せた制作にしてしまうと、用具
や材料の準備、制作時間がばらばらになり学習進度に大きな差が生じることになる。

　例えば、「ボックスアート」の制作で、空想の世界を表現する（使用材料：水彩絵の具、紙粘
土など）場合を例に、どのような制作の条件を提示する必要があるのか考えてみよう。生徒から
次のように質問された場合、どのように答えたらよいか。その場合、他の生徒への影響、全体説
明の必要性についても検討する。

　生徒Ａ「華やかな感じの世界を表したいので、市販されている造花を使っていいですか」
　生徒Ｂ「背景に奥行きを出したいので、雑誌の風景写真を切り抜いて貼っていいですか」
　制作途中にこのような質問が出るのは、始めに「ボックスの中に配置するものは、すべて自分
20　でつくる」という制作の条件を明確にしていないことが考えられる。あるいは、「市販の既製品
（造花やミニチュア家具など）を使って配置してもいい」とする考え方もあるかもしれない。そ
の場合、少量使用ならばいいのか、量的な判断も必要になる。また、創造的に表す技能を評価す
る際、花を紙粘土ですべて手づくりした生徒と市販の造花を使って表現した生徒に対する評価は
異なるはずである。

　このように制作の条件は、題材の目標や制作時間、評価などにも関わることであり、慎重に考
えて設定する必要がある。個々に異なる対応をして生徒にとって不平等な扱いとならないよう
に、あらかじめ全体指導で周知しておかなければならない。全員に伝えるべき内容と個々に答え
てよい内容とを判断して、その都度適切な対応をすることが求められる。

｜4｜　生徒の目線で捉える学習活動

　授業は、「教える立場」である教員の視点で考えるだけではなく、「教えられる立場」である生
30　徒の目線で捉え直してみることが重要である。指導計画を立てる際に、「もし自分が生徒なら
ば、この導入で制作をしてみたいという意欲が湧いてくるか」など、常に授業を受ける生徒の立
場、気持ちを想像しながら、指導計画の学習活動を客観視する。

　授業の展開は、生徒の活動の様子や反応を想定し、学習活動の流れを頭の中で繰り返しシミュ
レーションする。その際、生徒の思考や学習活動が無理のない自然な流れになっているか、時間
配分は適当か、教室内の生徒の動きを検討する。

例えば、「木版画」2週目の授業で、先週のアイデアスケッチを基に下絵をつくる学習活動を予定しているとしよう。授業の「導入」時の学習活動の流れについて、自分が生徒の立場だったら、a、bのどちらの順が、説明内容を理解しやすいだろうか。

　　a）今日の目標と制作手順の説明⇒生徒のアイデアスケッチ返却
　　b）生徒のアイデアスケッチ返却⇒今日の目標と制作手順の説明

　aとbの違いは、「導入」で今日の目標と制作手順を説明する際に、生徒の手元に先週描いたアイデアスケッチがあるか、ないかのささいな違いである。どちらでも授業の進行に大した影響はないのかもしれない。しかし、1週間ぶりに美術室に来て「先週はどこまでだったかな？」と思う生徒の気持ちを想像してみよう。生徒に1週間前の美術の学習の記憶を思い起こさせ、本時の授業につなぐには、先週描いたアイデアスケッチを返却することが第一である。生徒は自分のアイデアスケッチを見ながら、先週、構想したことを思い出し、今日の目標や学習内容の説明を聞いて学習の見通しを立てるのである。

　このように、生徒目線で学習活動の流れをシミュレーションすることは、生徒にとってより分かりやすい授業をつくることになる。

｜5｜　安全指導と事前のチェック

　授業中の事故防止の観点から、起こり得る様々な状況をあらかじめ想定し、必要な安全指導を指導計画に位置付ける。けがなどの事故については、「たぶん大丈夫だろう」ではなく、生徒の反応や動きによっては「もしかしたら起こるかもしれない」と考えなければならない。最悪の場合を想定し、事前の対策を十分にとって授業に臨むことが重要である。事故防止のためには授業内での安全指導だけでなく、以下について事前のチェックと日常の管理が必要である。

図3　番号による数の管理

◆刃物類や塗料類、薬品類などの保管・管理場所

・準備室または鍵の付いたロッカーなど施錠できる場所に保管する。
・授業で使用する際は、返却漏れがないように出席番号などで貸し出し、授業の終わりには毎回、数の確認をする（図3）。

◆美術室内の動線、作業空間の確保

・電動工具やのこぎり、針金等の使用時は安全な作業空間を確保し、周りの生徒との接触に注意する。
・学習活動に伴う生徒の動線を考えて作業台、材料置き場を配置する。

◆用具や機械類の点検整備

・用具や機械類は、日頃から点検整備を行い、生徒が安全に使える状態にしておく（カッター、彫刻刀の刃のさび、機械類のネジのゆるみなど）。

第5節 学習指導案の作成

1 学習指導案は授業の「設計図」

　学習指導案は、題材（単元）の指導計画である。題材の目標（題材を通して身に付けさせる資質・能力）や評価規準、学習指導の内容、方法について事前に構想し、一定の形式で文章化したものである。一般に学習指導案は、授業の「設計図」であるといわれる。設計図によって実際に建物が存在しなくてもその家の規模や構造が分かるように、学習指導案も読むだけで授業の目標（ねらい）や内容が分かり、生徒の学習活動がイメージできるものでなければならない。美術科の題材では、領域（A 表現—絵や彫刻、デザインや工芸、B 鑑賞）、使用する材料や用具、学習活動の順序や指導形態、指導時間数などの記述から、どのように学習活動が展開され、どのような作品が制作されるのかなどである。学習指導案を精読すると、作成者の教科観や教科の専門的知識だけでなく、授業に対する姿勢、熱意、生徒への願い、指導経験等、授業を行う力量までも
10　が伝わるものである。

2 研究の「基礎資料」としての学習指導案

　学習指導案はどのような場合に作成するのか。教育実習や教員研修、校内研究、教科研究、保護者への授業公開等において、学習指導案は授業全体を文章化した基礎資料として重要な役割を果たす。教育実習の研究授業では、必ず学習指導案を作成する。
　事前に授業参観者に学習指導案を配布することによって、参観者は、授業参観の観点（授業のねらいや指導の工夫、展開、指導上の留意点など）をあらかじめ把握し、授業に臨むことになる。また、学習指導案の生徒観（美術科での生徒の実態、既習内容）の記述を通して、参観者は、授業における生徒の学習活動の様子や反応がどのような学習経験によって形成されたのか、総体的に理解することができる。
　研究授業後の全体協議会では、学習指導案を基に、観察した生徒の反応や発言の記録、ワーク
20　シート、アイデアスケッチ、学習カード、作品、録画映像等を参考にしながら、授業の振り返りを行う。振り返りでは、「題材目標や授業のねらいに対して、教材は適切であったか」「主題を生み出すために、発問の組み立ては生徒の思考の流れに沿っていたか」「生徒の学習活動、授業展開に対して、時間配分は適当であったか」「評価規準、評価方法は適切であったか」など、実践の成果や課題が協議される。
　学習指導案は、授業の振り返りだけでなく、教員間でデータを共有して保存することにより、今後の授業改善や教材研究の基礎資料として研究に活用されている。

3 学習指導案作成の意義

　学習指導案の作成にあたっては、文章表記や体裁を整えたりすることに少なからず時間と労力を要する。しかし、授業は学習指導案があってこそ、分析・検討の対象に成り得るのである。

学習指導案の作成過程では、内容の検討や修正を何度も重ねることで、曖昧だった授業構想が次第に具体化、客観化され、論理性、一貫性のある授業計画となる。教員にとって、題材の内容や指導の方法、教材・教具、生徒・学習集団に対する理解が深まるとともに、学習指導力の向上につながる。作成した学習指導案や授業で用いた資料、授業記録は、整理・保管し、今後の題材研究に役立てるとよい。

｜4｜ 学習指導案作成のポイント

｜学習指導要領を基に作成する

学校教育における美術科の指導計画は、教育課程の基準である学習指導要領を基に作成することが求められる（⇒第1章第3節3 p.20）。

公教育である美術科の授業は、自分の経験や美術に対する個人的な考えだけで行うのではなく、学習指導要領の趣旨を十分に理解した上で行わなければならない。学習指導案の作成にあたっては、学習指導要領、教科書、資料集に目を通し、教科の目標や内容、材料、用具、表現技法、制作手順、生徒の作品例などを確認する。教科書にない題材を計画する場合は、生徒の発達段階やこれまでの学習内容との関連など十分な検討が必要である。

｜他者が読むことを前提にもれなく内容を記述する

学習指導案は授業研究の基礎資料となるため、他者が読むことを前提に作成する。必要な内容が漏れなく記述され、内容が明確に伝わるものでなければならない。正確な表記で、分かりやすい文章表現を心掛けるとともに、客観的かつ丁寧な記述をする。

学習指導案の主な内容は、「題材を通して育成を目指す資質・能力とは何か」、それらを育成するために、「どのような教材を使って、どのような学習活動が展開されるのか」、生徒を「どのような規準で評価するのか」である。

｜5｜ 学習指導案の作成

学習指導案には、「1 題材名」から「6 本時の学習」の項目を記述する（図1）。校種による書き方の違いはなく、一般に、授業公開をする1単位時間の指導計画として、「6 本時の学習」を記述するが、題材全体の指導計画として本時案を載せない学習指導案もある。

｜1 題材名

美術科（その他、音楽、技術・家庭などの教科）においては、「単元名」とせずに、「題材名」と表記するのが一般的である。題材の領域や内容が大よそ分かる題材名が望ましい。サブタイトルをつけてもよい。

｜2 題材設定の理由

本題材が教科の目標を達成するために有効かつふさわしい学習内容であることを「題材観」「生徒観」「指導観」の三つの観点から、論理的かつ説得力のある文章で記述する。題材が生徒にとってどのような意味があるのか、その意義や価値を述べるところである。

(1) 題材観

①題材の概要

　題材のテーマや内容、学習活動、用いる材料や用具などについて記述する。題材がA表現（絵や彫刻、デザインや工芸）、あるいはB鑑賞のどこに位置付く題材なのか、系列（シークエンス）が分かるように述べる。

● 【作成例：中学校第2学年「平面構成」】

　「本題材は、○○をテーマに主題を生み出し、色の三属性や配色の効果など色彩に関する基礎的な知識を基に、形や色彩の性質を生かして、大きさやバランス、リズムなどの構成要素による表現効果や画面構成を工夫しながらポスターカラーで表現するデザインの学習である。」

②生徒に育てたい資質・能力

10 　本題材の学習活動を通して、生徒に育てたい資質・能力や期待される学習成果を学習指導要領に示された目標や内容と関連させて記述する。

③教育課程、実施時期との関連

　生徒の発達段階、他教科、学校行事など、教育課程との関連から、本題材の内容や実施時期が生徒の興味・関心を高め、有効であることを説明する。

(2) 生徒観

● ### ①授業を行う学級の生徒の実態

　本題材の学習活動につながる事項として、授業を行う学級の生徒の美術科における学習に取り組む態度や関心・意欲などについて記述する。その際、学級に対する日頃の観察を基に、

20 生徒のよいところと課題の両面を客観的に捉え、それに対してどのような指導、支援を行うのかを述べる。

②題材に関わる既習内容

　題材に関連したこれまでの学習経験、既習内

● 容を振り返り、いつ（学習した学年）、何を（題材名、習得した知識・技能）を学んだのか、具体的に記述する。また、題材に関わる内容や基礎的な知識・技能の習得状況から、本題材で課題となることや指導すべき内容を述べ

30 る。

(3) 指導観

　題材観、生徒観を踏まえ、生徒が主体的に学習活動に取り組むための指導の工夫について記述する。題材目標を実現するためにどのような指導をするのか、具体的な手立てを明記し、指

● 導の工夫が読み手に伝わる文章表現にする。

中学校美術科　第○学年　学習指導案
令和○○年○月○日（○）第○校時
○年○組　　　○名
指導者　○○○○
場　所　○○○

1 題材名
　「　○○○○　」～　○○○○○○　～
2 題材設定の理由
（1）題材観

（2）生徒観

（3）指導観

3 題材の目標

4 評価規準

5 指導と評価の計画

6 本時の学習
（1）本時の目標
（2）本時の展開

（3）本時の評価

図1　学習指導案の項目

a) 「……を身に付けさせたい。そのために、……（具体的な指導の工夫、手立て）をする」

「生徒が……できるように、……（具体的な指導の工夫、手立て）を行う」

b) 「……（具体的な指導の工夫、手立て）をすることにより、……（期待する生徒の学習態度、授業のねらい）……を身に付けさせたい」

「○○の方法を分かりやすく演示して説明することにより、生徒が……について理解できるようにする」

3 題材の目標

①題材の「内容のまとまり」を明らかにする

目標の作成にあたって、始めに題材に関連する内容を「内容のまとまり」として整理する。

＊〔共通事項〕は、「A 表現」「B 鑑賞」の学習で共通に必要となる造形的な視点である。

＊技能（ア）創意工夫して表す技能と（イ）見通しをもって表す技能の違い

（ア）は、意図に応じて材料や用具の特性を生かして、よりよく表す技能で、全ての題材で指導する内容である。（イ）は、材料や用具の特性を踏まえ、あらかじめ制作の順序や効率を考えて表していく技能であるため、アイデアを練り直したり試したりしながら制作する題材では、位置付けない。（イ）の題材例として、彫造（石や木などを彫ってつくる）などがある。

中学校第 1 学年　美術科　題材名「身近な風景──季節を感じて」の作成例
【内容のまとまり】　　　　　「A表現」（1）ア（ア）、（2）ア（ア）、〔共通事項〕（1）アイ
　　　　　　　　　　　　　「B鑑賞」（1）ア（ア）、〔共通事項〕（1）アイ

②本題材を通して身に付けさせたい資質・能力を記述する

（1）「知識及び技能」、（2）「思考力、判断力、表現力等」、（3）「学びに向かう力、人間性等」

◆ 「各学年の目標及び内容」との対応

題材の目標は、「各学年の目標及び内容」（『中学校学習指導要領（平成 29 年告示）』）を基に作成する。目標ごとに、学年の内容を題材に合わせて変更したり省略したりして、（1）（2）（3）の順に記述する（図2）。

＊第 1 学年の題材⇒「第 1 学年の目標及び内容」、第 2 学年の題材⇒「第 2 学年及び第 3 学年の目標及び内容」

＊目標（3）「学びに向かう力、人間性等」については、A 表現、B 鑑賞、〔共通事項〕を含む内容全てを指導する中で総合的に育成を目指すことから、対象学年の目標（3）を基に記述する。

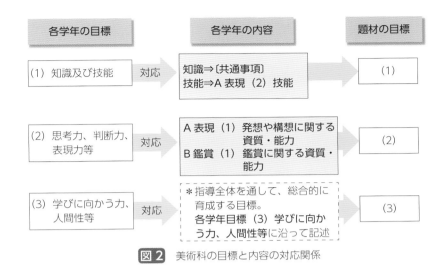

図2 美術科の目標と内容の対応関係

【中学校第1学年 美術科 題材名「身近な風景──季節を感じて」の目標作成例】

（国立教育政策研究所『「指導と評価の一体化」のための学習評価に関する参考資料【中学校 美術】』令和2年を基に作成）

○目標（1）【知識及び技能】の作成

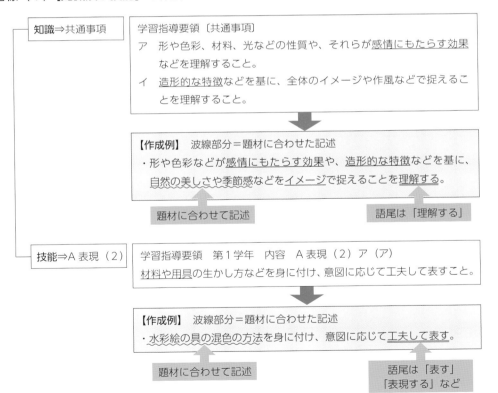

○目標（2）【思考力、判断力、表現力等】の作成

発想や構想
⇒A表現（1）

学習指導要領　第1学年　内容　A表現（1）ア（ア）
対象や事象を見つめ感じ取った形や色彩の特徴や美しさ、想像したこと
などを基に主題を生み出し、全体と部分との関係などを考え、創造的な
構成を工夫し、心豊かに表現する構想を練ること。

【作成例】　波線部分＝題材に合わせた記述
・身近な風景を見つめ感じ取った形や色彩の特徴、季節感などを基に
　主題を生み出し、構図や全体と部分との関係などを考え、創造的な
　構成を工夫し、心豊かに表現する構想を練る。

語尾は「構想を練る」

鑑賞
⇒B鑑賞（1）

学習指導要領　第1学年　内容B鑑賞（1）ア（ア）
造形的なよさや美しさを感じ取り、作者の心情や表現の意図と工夫など
について考えるなどして、見方や感じ方を広げること。

【作成例】　波線部分＝題材に合わせた記述
・季節感や色彩の美しさを感じ取り、作者の心情や表現の意図、工夫
　について考えるなどして、見方や感じ方を広げる。

語尾は「広げる」「深める」など

○目標（3）【学びに向かう力、人間性等】の作成

⇒第1学年目標（3）

学習指導要領　第1学年　目標（3）
楽しく美術の活動に取り組み創造活動の喜びを味わい、美術を愛好する
心情を培い、心豊かな生活を創造していく態度を養う。

【作成例】　波線部分＝題材に合わせた記述
・美術の創造活動の喜びを味わい、身近な風景の自然や季節感を基に、
　楽しく表現や鑑賞の学習活動に取り組む。

「表現や鑑賞の学習」
活動とする

語尾は「取り組む」
「取り組もうとする」など

4　評価規準

　「3 題材の目標」で設定した資質や能力について、生徒がどの程度、目標に到達できたかを分析的にみるために、評価規準を設定し評価する。評価規準は、題材の目標が実現された生徒の状況（「目指す姿」）を質的に捉えて示したもので、評価のよりどころとなる。

　目標に対する評価であることを踏まえ、指導計画全体を通して、「目標と評価の整合性」が図

られていなければならない。つまり、「目標として掲げていないことは評価しない」ということである。具体的に、「3 題材の目標」と「4 評価規準」及び「6 本時の学習」における（1）本時の目標と（3）本時の評価について、それぞれの内容が異なることがないよう、記述にあたって十分に留意する。

目標（1）【知識及び技能】の評価の観点は「知識・技能」、目標（2）【思考力、判断力、表現力等】の評価の観点は「思考・判断・表現」となる。なお、目標（3）【学びに向かう力、人間性等】の評価は、人間性等に関することが個人内評価となるため、評価の観点は、「主体的に学習に取り組む態度」の表記となる（⇒第 5 章第 3 節 pp.141-145）。

> 評価規準を記述する際は、下表のように評価の観点（「知識・技能」「思考・判断・表現」「主体的に学習に取り組む態度」）ごとに記述する。また、目標に照らした生徒の状態を表すことから、語尾は「○○しようとしている」「○○している」などとする。

＊評価規準は、表を作成し、「題材の目標」と同じ観点順で記述する。

知識・技能	思考・判断・表現	主体的に学習に取り組む態度
・形や色彩などが感情にもたらす効果や、造形的な特徴などを基に、自然の美しさや季節感などをイメージで捉えることを理解している。　【知識】	・身近な風景を見つめ感じ取った形や色彩の特徴、季節感などを基に主題を生み出し、構図や全体と部分との関係などを考え、創造的な構成を工夫し、心豊かに表現する構想を練っている。　【発想・構想】	・美術の創造活動の喜びを味わい、身近な風景の自然や季節感を基に、構想を練ったり、工夫して表したりする表現の学習活動に楽しく取り組もうとしている。　【態度／表現】
・水彩絵の具の混色の方法を身に付け、意図に応じて工夫して表している。　【技能】	・季節感や色彩の美しさを感じ取り、作者の心情や表現の意図、工夫について考えるなどして、見方や感じ方を広げている。　【鑑賞】	・美術の創造活動の喜びを味わい、季節感や色彩の美しさを感じ取り、作者の心情や表現の意図、工夫について考えるなどの見方や感じ方を広げる鑑賞の学習活動に楽しく取り組もうとしている。　【態度／鑑賞】

▌5 指導と評価の計画（全○時間）

　指導と評価の計画は、題材を通した学習活動の内容と段階ごとの時間配分、評価観点、評価方法を示したものである。題材の全学習活動を内容の段階（第○次、△時間）、学習過程に沿って大まかに記述し、「本時」がどこに位置付くのかを示す。

		学習活動	知	思	態	評価方法
第1次	（1）	題材の説明を聞き、季節感をイメージで捉えて描くことに関心を深める。学校付近の風景から、季節の変化を探し、気付いたことをワークシートに記入する。グループ内で発表し、さらに表現の構想を練る。（1時間）		○	○	ワークシート 生徒の様子 発言の内容
	（2）	身近な風景から季節の変化を捉えて表現する主題を決める。水彩絵の具の混色の方法について説明を聞き、構図や表現方法について構想を練る。（1時間）		○	○	ワークシート 生徒の様子
第2次	（1）	画用紙に鉛筆で下描きをする。（1時間）	○			下描き
	（2）	表現しようとする季節感、画面全体のイメージを考えながら、着彩する。（2時間）	○		○	制作途中の作品 生徒の様子
第3次	（1）	完成した作品を発表し、全体で鑑賞する。友だちの作品のよさや工夫したところを感じ取り、鑑賞カードに記入する。（1時間／**本時**）		○	○	鑑賞カード 生徒の様子 発言の内容

表の「知」は知識・技能、「思」は思考・判断・表現、「態」は主体的に学習に取り組む態度の略

▌6　本時の学習（本時は全○時間中の△時間目、または、△／○）

（1）本時の目標

　本時とは、授業公開する1時間（50分）を指し、この授業を通して身に付けさせたい資質や能力を明確にして目標を記述する。「3　題材の目標」では題材全体の目標を記述するのに対し、「6（1）本時の目標」は、1時間の学習内容に関わる目標のみを題材の目標に沿って記述する。
【作成例】
・友だちの作品から季節感や色彩の美しさを感じ取り、作者の心情や表現の意図、工夫について
　考えるなどして、見方や感じ方を広げる。　　　　　　　　　　（思考力、判断力、表現力等／鑑賞）
・美術の創造活動の喜びを味わい、楽しく鑑賞の学習活動に取り組む。

　　　　　　　　　　　　　　　　　　　　　　　　　　　　（学びに向かう力、人間性等）

（2）本時の展開

　授業公開の1時間（50分）の学習活動の内容と予定配分時間、指導内容、指導上の留意点、安全指導、評価規準、評価方法について時系列で記述する。その際、学習活動と関連する指導内容の行がそろうように表を整える。
段階……「導入」「展開」「まとめ」で構成する。

10

時間……時間配分を分単位で記述する。

学習活動……<u>生徒の学習活動</u>を記入する。生徒の立場で語尾をそろえることに注意する。

　例）アイデアスケッチを描く、構想を練る、説明を聞く、話し合う、参考作品を見る、学習
　　　カードを記入する、作品を発表する、次回の予定を聞くなど。

● **指導内容・留意点**……<u>指導者の立場</u>で指導する内容や指導上の留意点を記述する。

　＊事故防止のために「安全指導」の内容について記述する。

　例）カッターは、使用しないときは刃をしまうように指導する。彫刻刀の刃先が進む方向に手
　　　を置かないように指導する。

　＊アイデアが思いつかない生徒、学習につまずいている生徒（C 評価の生徒）に対する手立て、
10　支援の内容を具体的に記述する。

　例）× 「描きたい風景を思いつかない生徒には声を掛ける」

　　　○ 「描きたい風景を思い付かない生徒には、地域の思い出の場所や好きな風景を聞いた
　　　　り、風景写真集を見せたりして個別指導をする」

　評価規準……本時の目標に整合する評価規準を記述する。1 時間の授業で見取る評価の観点は、

●　多くて二つである。

　＊<u>評価規準と評価方法を混同しない。</u>

　例）○ 「友だちの作品から季節感や色彩の美しさを感じ取り、作者の心情や表現の意図、工夫
　　　　について考えるなどして、見方や感じ方を広げている」

　　　× 「友だちの作品から季節感や色彩の美しさを感じ取り、作者の心情や表現の意図、工夫
20　　　　を鑑賞カードに書いている」（⇒鑑賞カードは評価方法）

　評価方法……生徒の学習の状況を見取るため、評価規準にふさわしい評価方法を選択する。授業
　　　中の生徒の様子を見取る方法だけでなく、授業後に教員が学習成果物を確認する方法を適切に
　　　組み合わせ、信頼性、妥当性のある評価を行う。

　例）生徒の見取り（観察）：発言内容、生徒の様子など。

●　　　学習成果物：アイデアスケッチ、学習カード、鑑賞カード、ポートフォリオ、作品など。

				＊本時の目標との整合性を図る ＊漢字の間違いに注意する × 評価基準 ○ 評価規準
		生徒の立場で記述する	教員の指導内容、留意点を記述する	

段階	時間	学習活動	指導内容・指導上の留意点 (＊安全指導)	評価規準・評価方法
導入	5分	・制作を振り返り、鑑賞カードを書く。	・これまでの制作を振り返り、主題や表現の工夫について、鑑賞カードの項目に沿って記入するよう説明する。	
展開	40分	・鑑賞カードに記入したことをまとめて発表する。 ・友だちの発表を聞く。 ・気付いたことを鑑賞カードに記入する。	・グループごとに順次前に出て、主題と表現の工夫について、作品を提示しながら一人1分以内で発表するように説明する。 ・友だちの発表を聞いて、主題や表現の意図・工夫などについて気付いたことを鑑賞カードに箇条書きで記入するよう指示する。	【思考・判断・表現】 友だちの作品から季節感や色彩の美しさを感じ取り、作者の心情や表現の意図、工夫などについて考えるなどして、見方や感じ方を広げている。 鑑賞カード 【主体的に学習に取り組む態度】 美術の創造活動の喜びを味わい、季節感や色彩の美しさを感じ取り、作者の心情や表現の意図、工夫について考えるなどの見方や感じ方を広げる鑑賞の学習活動に楽しく取り組もうとしている。 発言の内容 生徒の様子
まとめ	5分	・全体のまとめ、次回の予定について聞く。	・学習活動全体を振り返り、制作や鑑賞で気付いたことを今後の制作に生かしていくように伝える。 ・鑑賞カード、作品を集める。 ・次回の予定、持ち物を板書して説明する。	

（3）本時の評価

「本時の目標」に対する評価である。本時の目標と整合した評価の記述となるように留意する。
【作成例】
・友だちの作品から季節感や色彩の美しさを感じ取り、作者の心情や表現の意図、工夫について考えるなどして、見方や感じ方を広げている。（思考・判断・表現／鑑賞）
・美術の創造活動の喜びを味わい、楽しく鑑賞の学習活動に取り組もうとしている。（主体的に学習に取り組む態度）

ワークシートの作成
　題材の導入や発想・構想段階でワークシートを使用する場合は、次のことに留意する。
○ワークシートを使った学習活動が有効と判断される学習場面を検討して使うこと。
○「何のためのワークシートか」を考え、ワークシートの目的を明確にして作成すること。
　【目的例】
　　・主題を生み出すために、質問によって思考の流れをつくる（質問形式、Q & A）。
　　・テーマに関して調べたことなど、項目ごとの記入欄に整理し、学習の効率化を図る。
　　・生徒の考えや気付いたことを図に沿って記入し、考えをまとめる（チャート図など）。
　　・イメージを広げる（マインドマップ、イメージメモなど）。
　　・自分の考えやグループの友だちの考えを分類、整理して情報を精査する（図や表など）。
　　・美術の知識、技法等に関する説明で理解を図る（重要語句、穴埋め式）。
　　・構想を視覚化する（図、アイデアスケッチ、展開図など）。

◆学習指導案作成後のチェック項目☑

【題材設定理由について】
　□題材観：学習指導要領、生徒の発達段階・実態に基づいた題材か。
　□題材観：題材の分野の系統性（シークエンス）が分かるように記述しているか。
　□題材観：題材を通して育てたい資質・能力は、学習指導要領に基づいているか。
　□生徒観：既習内容は、学年と題材名を挙げ、知識・技能の習得状況を記述しているか。
　□指導観：具体的な指導の工夫、手立てが記述されているか。
【題材の目標】
　□三つの柱に沿って記述しているか。
　□学習指導要領の「各学年の目標及び内容」に基づいて記述しているか。

10　【評価規準】
　□題材の目標と整合性が図られているか。
　□目標（3）「学びに向かう力、人間性等」⇒評価観点「主体的に学習に取り組む態度」
　□語尾は適切か。誤字はないか。○規準、×基準
【指導・評価計画】
　□1時間の評価の観点は二つ以内で設定し、無理のない評価計画となっているか。
【本時案】
　□「本時の目標」と学習活動が合っているか。
　□生徒の興味・関心を高める導入が工夫されているか。
　□生徒の反応や学習活動を想定した授業の展開、時間配分となっているか。

20　□必要な安全指導に対する具体的な指導内容の記述があるか。
　□C評価の生徒に対する具体的支援があるか。
　□目標にない評価をしていないか。「本時の目標」と評価の整合性は図られているか。
＊表記の間違いや誤字を再度確認すること。

作成例1～4は、学生、大学院生が作成した学習指導案に著者が加筆したものである。

作成例 1

中学校美術科　第3学年　学習指導案

令和○年○月○日（○）第○校時

第3学年○組　△名

場所　美術室

指導教員　○○○○　印

授業者　　○○○○　印

1　題材名「箱の中に物語をつくろう～ボックスアート」

A 表現（1）ア（ア）、（2）ア（ア）、共通事項（1）アイ

B 鑑賞（1）ア（ア）、共通事項（1）アイ

2　題材設定の理由

（1）　題材観

　本題材は、画用紙や紙粘土などの様々な材料を用いて、箱の中に好きな物語の一場面を創造的に表現するボックスアートである。物語は本、映画や漫画など幅広いジャンルから選ぶこととする。物語の内容はそれぞれの解釈で自由に捉えることができるものであり、好きな物語をテーマとすることで、生徒はそのよさを他者に伝えようと意欲的に学習活動に取り組むのではないかと考える。

　物語の具体的な場面を構成し、立体表現にして奥行きのある空間を制作する本題材は、3年間の学習で身に付けた様々な知識・技能を活用して制作することが必要である。本題材では、想像した物語の世界のイメージを基に、意図に応じて材料を組み合わせ、表現方法を工夫し、奥行きのある空間を創造的に表す力を育成することが期待できる。また、好きな物語に対する自らのイメージを形や色彩で表現することは、生徒の自己理解を深め、自己肯定感を高めることにもつながると考える。

（2）　生徒観

　造形表現活動に興味をもち、積極的に取り組む学級であるが、主題を生成し、発想・構想段階の思考や見通しが不十分なまま制作しようとする生徒もいる。表現したいことや自己のイメージを整理し、表現の具体的な手立てや情報を精査しながら、自分の表現を追求する力を身に付けさせたい。

　これまでに第1学年「野菜のスケッチ」、第2学年「心の世界を描く―想像画」の学習で、観察して描いたり、イメージを膨らませて描いたりすることを経験し、水彩絵の具の基礎的な技能は習得している。立体表現では、第1学年に彫塑「運動する友だち」を紙

粘土で制作している。この他に第2学年では、透視図法、空気遠近法を使った作品を鑑賞し、空間表現の印象の違いを学習している。

（3）指導観（＊下線部は具体的な指導の手立て）

　設定したテーマや技法に合わせて材料を選択していく力、イメージを形にして表現する力が必要である。そのために、これまで扱ってきた材料の特徴について<u>発問</u>し、<u>参考作品</u>を用いて材料に関する<u>振り返り</u>を行う。また、イメージを形にする手立てとして、参考例を見せながら<u>プリント</u>で説明し、<u>ワークシート</u>を用いて思考を整理できるようにする。制作前に、デザイン案を基に使用する材料や表現方法を<u>グループ内で発表</u>し、考えを広げたり、アイデアを精査したりする学習活動を設ける。

（右側縦書き）具体的な指導の手立て・工夫

（右端縦書き）第4章　指導計画の作成

3　題材の目標（＊下線部は、学習指導要領　第2・3学年目標と内容との関連）

（1）形や色彩、材料の特徴やそれらが感情にもたらす効果や全体のイメージで捉えることを<u>理解する</u>。　　　　　　　　　　　　　　　　　　　　　　（知識及び技能／**知識**）

　<u>画用紙や紙粘土など</u>幅広い<u>材料や用具の特性を生かし</u>、<u>意図に応じて自分の表現方法を追求して創造的に表す</u>。　　　　　　　　　　　　　　　（知識及び技能／**技能**）

（2）自分の好きな物語から<u>想像したことを基に主題を生み出し</u>、<u>材料の組み合わせ</u>や奥行きのある空間構成を工夫し、<u>心豊かに表現する構想を練る</u>。

　　　　　　　　　　　　　　　　　　　　　（思考力、判断力、表現力等／**発想・構想**）

　物語の世界をイメージで捉え、造形的な美しさやよさを感じ取り、友だちの<u>表現の意図や創造的な工夫について見方や感じ方を深める</u>。　　　（思考力、判断力、表現力等／**鑑賞**）

（3）<u>創造活動の喜びを味わい</u>、自分の好きな物語の場面を基に、材料を生かして奥行きのある空間を表現したり鑑賞したりする学習活動に<u>主体的</u>に取り組もうとする。

　　　　　　　　　　　　　　　　　　　　　　　　　　（**学びに向かう力、人間性等**）

4　評価規準（＊下線部、評価規準の語尾の表記）

知識・技能	思考・判断・表現	主体的に学習に取り組む態度
・形や色彩、材料の特徴やそれらが感情にもたらす効果や全体のイメージで捉えることを<u>理解している</u>。　（知識） ・画用紙や紙粘土など幅広い材料や用具の特性を生かし、意図に応じて自分の表現方法を追求して創造的に<u>表している</u>。　　　（技能）	・自分の好きな物語から想像したことを基に主題を生み出し、材料の組み合わせや奥行きのある空間構成を工夫し、心豊かに表現する構想を<u>練っている</u>。　（発想・構想） ・物語の世界をイメージで捉え、造形的な美しさやよさを感じ取り、友だちの表現の意図や創造的な工夫について見方や感じ方を<u>深めている</u>。 　　　　　　　（鑑賞）	・創造活動の喜びを味わい、自分の好きな物語の場面を基に、材料を生かして奥行きのある空間を表現する学習活動に主体的に<u>取り組もうとしている</u>。 　　　　　（態度／表現）

5　指導と評価の計画（全6時間扱い）

		学習活動	知	思	態	評価方法
第1次	（1）	題材内容の説明を聞き、奥行きのある立体表現について、参考作品を鑑賞する。自分の好きな物語を選び、表したい場面の情景を決めてワークシートに記入する。デザイン案の描き方の説明を聞き、構成を考える。　　　（1時間／**本時**）		○	○	発言の内容 活動の様子 ワークシート
	（2）	デザイン案を描き、使用する材料や遠近感の工夫について構想を練り、グループ内で発表し合う。　　　　　　　　　　　　　　（1時間）		○	○	デザイン案 活動の様子
第2次	（1）	材料の種類や特性、計画的な制作について説明を聞く。物語の場面をイメージしながら、効果的な表現方法や材料を工夫して制作する。　（3時間）	○		○	制作途中の作品 活動の様子
第3次	（1）	作品カードを記入し、完成した作品を机に並べ、全体で鑑賞する。友だちの作品のよさや美しさ、工夫したところなど気付いたことを鑑賞カードに記入する。　　　　　　　　　　　　（1時間）			○	鑑賞カード

　　　　　表の「知」は知識・技能、「思」は思考・判断・表現、「態」は主体的に学習に取り組む態度の略

6　本時の学習（本時は6時間中の1時間目）

（1）本時の目標

・自分の好きな物語から想像したことを基に主題を生み出し、心豊かに表現する構想を練る。

　　　　　　　　　　　　　　　　　　　　（思考力、判断力、表現力等／**発想・構想**）

・創造活動の喜びを味わい、自分の好きな物語の場面を材料を生かして立体表現する学習活動に主体的に取り組む。　　　　　　　　　　　　　　　　**（学びに向かう力、人間性等）**

（2）本時の展開

段階	時間	学習活動	指導内容・指導上の留意点	評価規準・評価方法
導入	15分	・題材の内容について、プリントを見ながら説明を聞き、課題をつかむ。 ・参考作品を見る。 ・遠近感の表現方法や材料について考え、発言する。	・題材の説明プリント、ワークシートを配布する。プリントを用いて、題材の目標、制作手順、材料、本時のねらいについて説明する。 ・参考作品を用いて、物語の場面を選ぶ際のポイント、奥行きのある立体表現の工夫について説明する。 ・これまでの学習を振り返り、遠近感（一点透視法、空気遠近法）の表現や材料の生かし方について、生徒に発問する。	【**主体的に学習に取り組む態度**】 創造活動の喜びを味わい、自分の好きな物語の場面を材料を生かして立体表現する学習活動に主体的に取り組もうとしている。 活動の様子 発言の内容
		・ワークシートの書き方について説明を聞き、デ	・ワークシートの書き方、デザイン案の描き方について、デザイン案の記入例を教材提示装置に投影して説明	【**思考・判断・表現**】 自分の好きな物語から想像したことを基に主

				題を生み出し、心豊か に表現する構想を練っ ている。
展開	30分	ザイン案の描き 方について理解 する。 ・好きな物語から 表現する場面を 選び、あらすじ や選んだ理由を ワークシートに 記入する。	をする。 ・表現する場面のイメージや構成、表 現方法を明確にすることを伝える。 **＊C評価の生徒への支援** 物語や表現するシーンが決まらな い生徒には個別指導を行い、他の 参考作品やデザイン案を見せて、 幅広いジャンルに考えが広がるよ うにする。図書館やタブレット型 端末を活用し、資料収集するよう 助言する。	ワークシート
まとめ	5分	・次週の説明を聞 き、ワークシー トを提出する。	・ワークシートを回収する。 ・プリントを用いて、次週の授業内容や 持ち物（鉛筆・色鉛筆）を確認する。	

（3）本時の評価

・自分の好きな物語から想像したことを基に主題を生み出し、心豊かに表現する構想を練ってい
　る。　　　　　　　　　　　　　　　　　　　　　　　　（思考・判断・表現／**発想・構想**）

・創造活動の喜びを味わい、自分の好きな物語の場面を材料を生かして立体表現する学習活動に
　主体的に取り組もうとしている。　　　　　　　　　　　　　（**主体的に学習に取り組む態度**）

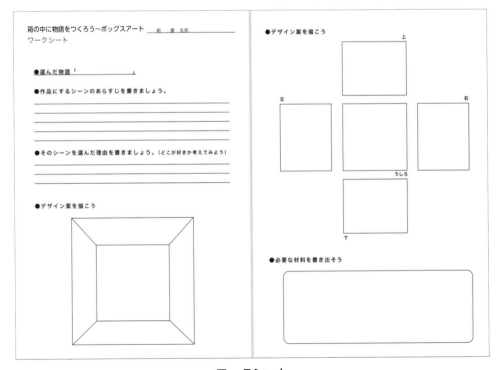

ワークシート

中学校美術科　第2学年　学習指導案

1　題材名「オリジナルはんこをつくろう〜石彫」

A 表現（1）ア（ア）、（2）ア（ア）（イ）、共通事項（1）アイ
B 鑑賞（1）ア（ア）、共通事項（1）アイ

2　題材設定の理由

（1）題材観

　本題材は、「高蠟石（こうろうせき）」を用い、自分の好きなデザインで印章の持ち手部分（「鈕（ちゅう）」）を彫って篆刻印をつくる石彫である。高蠟石は、柔らかく彫りやすいことから、印材として広く用いられる天然石である。

　本題材を通して、自分が好きなものや趣味、特技などから主題を生み出し、その特徴をデザイン化して立体表現することで、独創的な表現力を育成したい。完成したはんこは、書道作品や年賀状に使用することで、自己の作品のオリジナリティを強く認識する機会になり、創造活動の喜びや心豊かな生活を創造していく態度を養うことにつながると考える。

（2）生徒観

　本学級の生徒は、A 表現「つくる活動」の題材に対する意欲が高く、授業規律を守り、集中して作業に取り組む様子が見られる。彫刻の基礎的な技能については、第1学年で木版画の作品を制作した際に、彫刻刀の正しい使い方を習熟していた生徒は3/4程度であった。他の生徒は、制作に気を取られ刃先に手を置いてしまうこともあり、個別に安全指導を行った。本題材で用いる印刀は初めて使用するので、正しい使い方を身に付けさせ、刃物による事故防止のための安全指導を徹底したい。

　生徒は第1学年で、土粘土による塑造（題材名「手をつくろう」）を制作しているが、形を削り出す彫造の学習は本題材が初めてである。十分に構想を練り、計画的な制作を指導する必要がある。

（3）指導観（＊下線部は具体的な指導の手立て）

　主題を生み出すために、導入では自分の好きなものや趣味、特技などを<u>ワークシート</u>に書き出し、客観的に自己を見つめる時間を設ける。ワークシートの記述内容を<u>発表</u>することで、生徒全体の発想・構想が広がるようにする。彫刻の基礎的な技能を身に付けさせるために、彫刻刀と印刀の正しい使い方を<u>演示して説明</u>するとともに、制作途中は、<u>机間指導、個別指導</u>を行い、安全な使い方を徹底する。

3　題材の目標（＊下線部は、学習指導要領　第2・3学年目標と内容との関連）

（1）印材（高蠟石）の特徴や篆刻の形が<u>感情にもたらす効果</u>を理解する。

（知識及び技能／**知識**）

　高蠟石の特徴や持ち手の形から、<u>制作する順序を総合的に考え、見通しをもって表す</u>。

（知識及び技能／**技能**）

（2）自分の好きなものなどを基に<u>主題を生み出し</u>、<u>単純化や省略など表し方を工夫し</u>、<u>心豊かに表現する構想を練る</u>。

（思考力、判断力、表現力等／**発想・構想**）

篆刻の造形的な美しさを感じ取り、作者の意図と創造的な表現の工夫などについて考え、見方や感じ方を深める。　　　　　　　　　　　　（思考力、判断力、表現力等／鑑賞）

（３）オリジナルのはんこのデザインを構想して創造的に表現したり鑑賞したりする学習活動に主体的に取り組もうとする。　　　　　　　　　　　　　　　**（学びに向かう力、人間性等）**

4　評価規準 （＊下線部、評価規準の語尾の表記）

知識・技能	思考・判断・表現	主体的に学習に取り組む態度
・印材（高蠟石）の特徴や篆刻の形が感情にもたらす効果を<u>理解している</u>。（知識） ・高蠟石の特徴や持ち手の形から、制作する順序を総合的に考え、見通しをもって<u>表している</u>。（技能）	・自分の好きなものなどを基に主題を生み出し、単純化や省略など表し方を工夫し、心豊かに表現する構想を<u>練っている</u>。（発想・構想） ・篆刻の造形的な美しさを感じ取り、作者の意図と創造的な表現の工夫などについて考え、見方や感じ方を<u>深めている</u>。（鑑賞）	・オリジナルのはんこのデザインを構想して創造的に表現する学習活動に主体的に取り組もうとしている。（態度／表現） ・篆刻の造形的な美しさを感じ取り、作者の意図と創造的な表現の工夫などについて考え、見方や感じ方を深める鑑賞の学習活動に主体的に<u>取り組もうとしている</u>。（態度／鑑賞）

5　指導と評価の計画 （全７時間扱い）

段階	時間	学習活動	指導内容・指導上の留意点	評価規準・評価方法
導入	50分	・篆刻について説明を聞き、課題をつかむ。 ・ワークシートの項目に沿って記入する。 ・記述したことを発表する。 ・描き方の説明を聞き、ワークシートにアイデアスケッチを描く。	○篆刻についての説明 ・書や絵画に篆刻印が押され、様々な字体が使われていることや印章の持ち手の部分「鈕」の作品例をスライドを見せて説明する。 ・オリジナルのはんこをつくり、印面だけでなく持ち手も自分らしいデザインで彫刻することを説明する。 ・自分の好きなものや趣味、特技などについて発問する。ワークシートに書き出し、表現したい形や文字を考えるように説明する。 ○アイデアスケッチ ・持ち手の正面、側面、上面とはんの部分のアイデアスケッチを考えることを説明する。 ・彫ることを考え、単純化や省略など表し方を工夫することを伝える。	**【主体的に学習に取り組む態度／鑑賞　①】** 篆刻の造形的な美しさを感じ取り、創造的な表現の工夫などについて考え、見方や感じ方を深める鑑賞の学習活動に主体的に取り組もうとしている。 〔ワークシート〕 **【思考・判断・表現／発想・構想　①】** 自分の好きなものや趣味、特技を基に、それらを生かした主題を生み出し、単純化、省略を考えながら、デザインの構想を練っている。 〔アイデアスケッチ〕
		・説明を聞き、図案を描く順番について理解する。 ・全ての面の図案が完成したら下絵を描く。	○図案化 ・アイデアスケッチを基に、持ち手の正面、持ち手の側面、上面、印面の順で図案化することを説明する。 ○下絵 ・図案を基に、高蠟石と同じ大きさの枠内に下絵を描くことを説明する。	**【知識・技能　①】** アイデアスケッチを基に、立体的な視点で捉えることを理解し、多方面の形を考えながら、全体の見通しをもって表している。 〔下絵〕

展開1	100分	・下絵のチェックを受ける。 ・トレーシングペーパーに下絵を写す。 ・写したトレーシングペーパーを反転させて高蠟石に転写する。	＊下絵が完成した生徒の持ち手のデザイン、印面の文字の太さなどをチェックする。 ・下絵が完成した生徒からトレーシングペーパーを取りに来るように説明し、写し取る時はマスキングテープを使って、下絵とトレーシングペーパーが動かないように注意することを伝える。 〇転写 ＊高蠟石に転写する際、下絵を写したトレーシングペーパーを必ず反転させてから写すことを説明する。ここを間違えると、はんを押した際に文字が反転してしまうため、板書して説明する。	【主体的に学習に取り組む態度／表現 ②】 構想した図案や下絵を基に、立体表現する学習活動に取り組もうとしている。 　活動の様子
展開2	170分	・道具の使い方についての説明を聞き、転写した下絵に沿って、印刀、彫刻刀で彫る。 ・形が取れたら紙やすりで細かいところをやすりがけして整えていく。 ・試し押しをして、文字の形を確認し、彫りを調整する。 ・形が整ったら水で洗う。	〇彫り ・印刀、彫刻刀の持ち方や使い方、高蠟石の特徴などを演示して説明する。 ・彫る部分の形状に応じて、彫刻刀、印刀を使い分けることを説明する。 ・まず、全体を大まかに彫り、大よその形が見えてきたら、だんだんと細かい部分を彫っていくことを説明して、机間指導を行う。 ・持ち手の部分ができたら、印面の文字部分を彫る。 【安全指導】 印刀、彫刻刀を使用する際、危険なので絶対に刃が向かう先に手を置かないことや、刃物を使用中の生徒に話し掛けたり、押したりしないよう注意する。 〇仕上げ ・紙やすりの目が荒いものから順に使っていくことを説明する。 ・印面を彫り終わったら、一度スタンプ台で試し押しをして、文字を確認させる。彫りが不十分なところを調整するよう伝える。	【知識・技能 ②】 高蠟石の特徴や全体の形をイメージしながら、見通しをもって創造的に表現している。 　制作途中の作品 【主体的に学習に取り組む態度／表現 ③】 印章の全体の形や文字をイメージしながら創造的に表現する学習活動に取り組もうとしている。 　活動の様子
まとめ	30分	・完成したはんこを紙に押して仕上げる。 ・友だちの作品を見て鑑賞カードに記入する。 ・まとめの話を聞き、はんこの活用を考える。	・はんを押すための朱肉と紙とゴム板を用意し、出来上がった生徒らはんを押すよう指示する。 〇鑑賞 ・机にはんことはんを押した紙を並べ、5分ほど全体を自由に見て回った後に鑑賞カードに記入するよう指示する。 ・完成したオリジナルはんこを書道作品や年賀状に押すなど活用法について話をする。	【思考・判断・表現／鑑賞 ②】 篆刻の造形的な美しさを感じ取り、作者の意図と創造的な表現の工夫などについて考え、見方や感じ方を深めている。 　鑑賞カード

使用材料・道具：高蠟石（70 × 30 × 30mm）、彫刻刀、印刀、トレーシングペーパー、転写シート、紙やすり、鉛筆、アイデアスケッチ用の用紙、はんの試し押し用の用紙、マスキングテープ、スタンプ台、朱肉、ゴム板

高等学校芸術科美術Ⅰ　学習指導案

1　題材名「私だけの蝶<ruby>蝶<rt>ちょう</rt></ruby>を見つけよう～夢の中の蝶を捕まえて」

A 表現（1）ア（ア）（イ）、イ（ア）（イ）、共通事項（1）アイ
B 鑑賞（1）ア（ア）、共通事項（1）アイ

2　題材設定の理由

（1）題材観

　本題材は、自分の夢や想像したことを基に空想上の蝶を生み出し、紙粘土や厚紙を用いて立体的な造形物をつくり、それを標本化するものである。作品完成後は生徒が新種の蝶の発見者となり、プレゼンテーションを行う。普段、生徒は、現実に存在しない生物を映画やアニメーションなどで鑑賞することはあっても、自分で新たに生み出す経験をする機会は少ない。

　本題材を通して、架空の蝶のイメージにふさわしい形体や色彩を考え、独自の世界観を追求するとともに、立体的な構成力を養い、創造的に表現する力を身に付けさせたいと考える。

（2）生徒観

　本学級では、生徒各自が粘り強く課題に取り組む様子が見られる。生徒の発達の特性として、自我の確立や自己の美意識、価値観が形成される時期であるが、自己の内面やイメージ、想像したことを表現することに<ruby>躊躇<rt>ちゅうちょ</rt></ruby>する生徒もいる。架空の蝶を制作し、発表する学習活動を通して、自己のイメージやアイデアを表現することで、生徒の苦手意識を和らげ、自己表現による満足感や達成感を味わわせたい。

　これまで、1学期に「静物のスケッチ」「色面構成」の学習を行い、シンメトリー、コントラストなど構成美の要素やトーンの配色、混色を使った表現について学習し、平筆による着彩を経験している。

（3）指導観（＊下線部は具体的な指導の手立て）

　自分の中のイメージを基に創造的に表現することや、主題に適した形体や色彩、構成を追求する能力を身に付けさせたい。新種の蝶の設定を考え、それを形体や色彩で表現することは、制作の軸となる重要な過程である。思い付きだけで制作を進めるのではなく、その蝶がどのような自然環境に生息し、どのような特徴があるのか、地球環境の変化などにも思いを巡らせ、高校生としてリアリティのある設定となるようにする。そのために、導入では、想像上の生き物がモチーフとなっている<u>作品の鑑賞</u>を行い、つくられた背景や人々の願いなどについて<u>発問</u>する。また、アイデアを整理しながら構想するために<u>ワークシート</u>を活用し、具体的な制作へのイメージをもつことができるようにする。

　アイデアスケッチ後の本制作では、羽の着彩、体の造形、蝶の各パーツの組み立てなど様々な制作過程があるので、参考作品の提示と併せて、制作手順をまとめた<u>プリント</u>を配布して説明する。作品完成後の鑑賞では、新種発見の<u>作品プレゼンテーション</u>を行う。本題材では、主体的、計画的な制作を実現するために、<u>学習カード</u>を活用し、毎時間の学習予定と活動に対する<u>自己評価</u>を取り入れる。

内容のまとまり

第4章●指導計画の作成

題材の概要　身に付けさせたい資・能　生徒の実態　既習事項

具体的な指導の手立て・工夫

101

3　題材の目標（＊下線部は、学習指導要領　美術Ⅰ目標と内容との関連）

（1）蝶の形体や色彩など造形要素が感情にもたらす効果や造形的な特徴などを基に全体のイメージで捉えることを理解する。　　　　　　　　　　　　　　　　　　（知識及び技能／**知識**）

　　　ポスターカラーや紙粘土の特性を生かし、表現方法を工夫して主題を追求し、創造的に表現する。　　　　　　　　　　　　　　　　　　　　　　　　　　　（知識及び技能／**技能**）

（2）夢や想像したことなどから主題を生成し、新種の蝶の形体や色彩、構成などについて考え、創造的な表現の構想を練る。　　　　　　　　　　（思考力、判断力、表現力等／**発想・構想**）

　　　蝶の造形的なよさ、美しさを感じ取り、作者の意図と創造的な表現の工夫などについて考え、見方や感じ方を深める。　　　　　　　　　　　（思考力、判断力、表現力等／**鑑賞**）

（3）自分の中のイメージや想像したことなどを基に創造活動を行い、表現したり鑑賞したりする学習活動に主体的に取り組もうとする。　　　　　　　　　（**学びに向かう力、人間性等**）

4　評価規準（＊下線部、評価規準の語尾の表記）

知識・技能	思考・判断・表現	主体的に学習に取り組む態度
・蝶の形体や色彩などが感情にもたらす効果や造形的な特徴などを基に全体のイメージで捉えることを理解している。　　　　（知識） ・ポスターカラーや紙粘土の特性を生かし、表現方法を工夫して主題を追求し、創造的に表現している。　　　　（技能）	・夢や想像したことなどから主題を生成し、新種の蝶の形体や色彩、構成などについて考え、創造的な表現の構想を練っている。　（発想・構想） ・蝶の造形的なよさ、美しさを感じ取り、作者の意図と創造的な表現の工夫などについて考え、見方や感じ方を深めている。　　　（鑑賞）	・自分の中のイメージや想像したことなどを基に創造活動を行い、表現する学習活動に主体的に取り組もうとしている。　　（態度／表現） ・蝶の造形的なよさ、美しさを感じ取り、作者の意図と創造的な表現の工夫などについて考え、見方や感じ方を深める鑑賞の学習活動に主体的に取り組もうとしている。　（態度／鑑賞）

5　指導と評価の計画（全6時間扱い）

学習活動	知	思	態	評価方法
（1）空想上の動物がモチーフとなっている作品を鑑賞し、ワークシートの構想を基に、空想上の蝶をイメージしてアイデアスケッチをする。　　　　　（1時間／**本時**）		○	○	アイデアスケッチ 活動の様子 学習カード
（2）蝶の特徴から、形体や色彩、色面構成の構想を練り、羽のデザインを厚紙に描く。　　　　　　　　（1時間）		○	○	アイデアスケッチ 学習カード
（3）羽を着彩し、紙粘土、針金で触覚と足をつくり、着彩する。　　　　　　　　　　　　　　　　　（2時間）	○		○	制作途中の作品 学習カード
（4）蝶の体のパーツを組み立て、標本のように飾り付け、特徴や生息地など作品紹介のラベルを記入する。　（1時間）			○	学習カード
（5）新種の蝶を発見した記者会見のようにプレゼンテーションを行う。気付きや感想を鑑賞カードに記入する。　　　　　　　　　　　　　　　　　（1時間）		○	○	鑑賞カード 学習カード

表の「知」は知識・技能、「思」は思考・判断・表現、「態」は主体的に学習に取り組む態度の略

6　本時の学習 （本時は 6 時間中の 1 時間目）

（1）本時の目標

・夢や想像したことなどから主題を生成し、新種の蝶の形体や色彩、構成などについて考え、創造的な表現の構想を練る。　　　　　　　　　　（思考力、判断力、表現力等／**発想・構想**）

・自分のイメージや考えたことなどを基に創造活動を行い、新種の蝶を構想する学習活動に主体的に取り組む。　　　　　　　　　　　　　（**学びに向かう力、人間性等／表現**）

（2）本時の展開

段階	時間	学習活動	指導内容・指導上の留意点	評価規準・評価方法
導入	15分	・空想上の生き物について考え、発表する。	・物語、美術作品、アニメなどから思い浮かぶ空想上の生き物について生徒に発問する。	
			発問 1　「空想上の生き物には何がありますか。どんな印象を受けますか」	
			＊予想される生徒の反応 「ドラゴン：強く霊的な力がある」 「鳳凰：平和でよいことが起こる」	
		・空想上の生き物がモチーフとなっている作品を鑑賞する。	・空想上の生き物がモチーフとなっている作品をスライドで映し、様々な形態や伝説、それらが想像された背景について説明する。 ・生徒に考えや印象について発問する。	
			発問 2　「空想上の生き物がつくられた背景や願い、意図には、どのような思いが込められていますか」	
		・空想上の生き物が創造された背景や意図を考えて発表する。	・課題内容を説明し、蝶の生態や地球環境問題などにも触れる。	
展開	30分	・参考作品やワークシートを参考にしながら課題内容を把握する。 ・蝶を想像し、ワークシートにアイデアスケッチを描く。	・アイデアの手掛かりになるワークシートを配布し、その記入例と参考作品を見せながらアイデアスケッチの進め方を説明する。 ・机間指導を行う。 ・アイデアスケッチが進んでいる生徒には、作品の意図や特徴を聞き、蝶の設定や構想をより深めるように促す。 ・アイデアが思い浮かばない生徒には、図鑑やタブレット端末を活用し、写真や画像から発想を広げたり、地球地図や自然から考えさせたりする。	【主体的に学習に取り組む態度／表現】 自分のイメージや考えたことなどを基に創造活動を行い、新種の蝶を構想する学習活動に主体的に取り組もうとしている。 **活動の様子** 【思考・判断・表現】 夢や想像したことなどから主題を生成し、蝶の形体や色彩、構成などについて考え、創造的な表現の構想を練っている。 **アイデアスケッチ**

| まとめ | 5分 | ・次週の授業説明を聞く。
・学習カードに次回の予定を記入し、振り返りをする。 | ・次週の授業内容を説明し、持参するものを板書する。
・学習カードに次回の学習予定を記入し、振り返り（自己評価）をするよう伝える。
・ワークシートを回収する。 | |

材料：紙粘土、厚紙、スチレンボード、虫ピン　サイズ：200 × 200 × 50mm

（3）本時の評価

・夢や想像したことなどから主題を生成し、蝶の形体や色彩、構成などについて考え、創造的な表現の構想を練っている。　　　　　　　　　　　　　　　　（思考・判断・表現／**発想・構想**）

・自分の中のイメージや考えたことなどを基に創造活動を行い、新種の蝶を構想する学習活動に主体的に取り組もうとしている。　　　　　　　**（主体的に学習に取り組む態度／表現）**

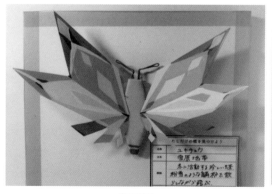

ワークシート　部分

作品例　　　　　　　　　　　　　作品ラベル

中学校美術科（教科等横断的な学習）　第3学年　学習指導案

1　題材名「写真と訴えるアート」

A 表現（1）ア（ア）、（2）ア（ア）、共通事項（1）アイ、
B 鑑賞（1）ア（ア）、イ（ア）共通事項（1）アイ

2　題材設定の理由

（1）題材観

（＊下線部①は、教科等横断的な視点に立った目標、②は、美術科で育成する資質・能力）

本題材は、「よりよい社会に生きる」（主権者に関する教育）を共通テーマに、教科等横断的な学習として社会科、特別の教科　道徳との関連を図り、設定したものである。共通テーマによる教科横断的な学習を通して、①「<u>よりよい社会の在り方を考えて、現代的な問題を発見し、解決していくために必要な批判的思考力及び自律的に行動する力を育む</u>」とともに、美術科では、②<u>社会の様相から考えたことを基に主題を生み出し、創造的に表す力</u>を育成することを目指すものである。

本題材で取り上げるコラージュは、写真の断片や異なる性質の素材を組み合わせて貼ることで、斬新さやインパクトのある表現効果をもたらす技法である。社会の様相や問題から生成した主題を、持参した雑誌や新聞などの画像や材料を切り貼りしながら創造的に表現する。コラージュの技法を用いることにより、生徒は写実的な描画の得手、不得手に左右されることなくイメージを表現しやすくなることが考えられる。

本題材を通して、意図に応じて自分の表現方法を追求し、新たな意味や造形的な面白さを創造する能力の育成が期待できる。また、作品鑑賞を通して社会の様相を見つめることにより、アートがもつ訴える力を実感し、アートを通した社会参画や政治参加の意識及び平和で民主的な国家、社会の形成者としての態度を養うことができると考える。

（2）生徒観

第3学年の生徒を対象に教科等横断的な学習内容に関するアンケート調査をしたところ、学年の約6割の生徒が、個人の尊重や民主主義、社会参画について、高い関心をもっていることが分かった。しかし、実際にどうしたら社会と関わることができるのか、具体的にどのような行動をしたらよいのか分からないと回答した生徒もみられた。

美術における本学級の生徒は、授業で自分が感じ取ったことや想像したことを基に主題を生成し、表現する学習に積極的に取り組む様子がみられる。他教科での学習による生徒の社会参画に対する意識の高まりや興味・関心を主題生成に生かすことができるよう授業展開を工夫したい。

これまで、第1学年のデザインでモダンテクニックを学習し、コラージュ技法を体験しているが、主題を基にコラージュだけを用いた作品制作は本題材が初めてである。社会における美術の働きに関わる題材として、第2学年で「ピクトグラム」を制作し、よりよい社会環境を考える学習を行っている。

（3）指導観（＊下線部は具体的な指導の手立て）

アートのもつメッセージ性をイメージしやすくするために、導入時に認知度の高いアー

ティストの<u>作品鑑賞</u>を行い、コラージュ作品の特徴を説明する。自分と他者、社会とのつながりについて意識を高めるため、アイデアスケッチの前に「自分」と「他者」の二つのトピックから始まる<u>マインドマップ</u>を作成する。アートを通した社会参画という概念を生徒の中に定着させるため、作品制作後の鑑賞で<u>グループワーク</u>を行い、自分たちの作品の効果について話し合い、考えたことを<u>ワークシート</u>にまとめる。

3　題材の目標

（1）形や色彩などが感情にもたらす効果やイメージ、作風で捉えることを理解する。

（知識及び技能／**知識**）

　　　主題を基にコラージュの表現方法を追求し、創造的に表す。　　（知識及び技能／**技能**）

（2）社会の様相を深く見つめることから主題を生み出し、コラージュの技法を生かした創造的な構成を工夫し、心豊かに表現する構想を練る。（思考力、判断力、表現力等／**発想・構想**）
　　　社会参画や民主主義と関連させながら、生活や社会の中の美術の働きについて見方や感じ方を深める。　　　　　　　　　　　　　　（思考力、判断力、表現力等／**鑑賞**）

（3）アートと社会との関わりを意識しながら、コラージュで創造的に表現したり、美術の働きについて見方や感じ方を深めたりする学習活動に主体的に取り組む。

（**学びに向かう力、人間性等**）

4　評価規準　（＊下線部、評価規準の語尾の表記）

知識・技能	思考・判断・表現	主体的に学習に取り組む態度
・形や色彩などが感情にもたらす効果やイメージ、作風で捉えることを<u>理解している</u>。 　　　　　　　　（知識） ・主題を基にコラージュの表現方法を追求し、創造的に<u>表そうとしている</u>。　　（技能）	・社会の様相を深く見つめることから主題を生み出し、コラージュの技法を生かした創造的な構成を工夫し、心豊かに表現する構想を<u>練っている</u>。 　　　　　　　（発想・構想） ・社会参画や民主主義と関連させながら、生活や社会の中の美術の働きについて見方や感じ方を<u>深めている</u>。　　（鑑賞）	・アートと社会との関わりを意識しながら、コラージュで創造的に表現する学習活動に主体的に<u>取り組もうとしている</u>。 　　　　　　　（態度／表現） ・社会参画や民主主義と関連させながら、生活や社会の中の美術の働きについて見方や感じ方を深める鑑賞の学習活動に主体的に<u>取り組もうとしている</u>。　（態度／鑑賞）

5　指導と評価の計画（全5時間扱い）

学習活動	知	思	態	評価方法
（1）ピカソやバンクシーの作品の説明を聞き、美術を用いて発信したり、社会に訴えたりすることについて考え、ゲリラ・ガールズ等の作品を鑑賞する。マインドマップを作成した後、グループディスカッションをする。 （1時間／**本時**）		○	○	発言の内容 生徒の様子（ペア学習） アイデアシート
（2）各自のアイデアシートに、テーマ（メッセージ）、必要性、アイデア、工夫を記入し、アイデアスケッチを描く。 土台となる画用紙の色を選び、持参した雑誌やチラシなどの素材から使えるものを選び、切り出す。 （1時間）		○		アイデアスケッチ
（3）切り出した素材の組み合わせを工夫しながらのり付けし、全体を構成する。　　　　　（2時間）	○		○	制作途中の作品 活動の様子
（4）全体で作品鑑賞し、感想を書いた付箋を友だちの作品に貼る。同じようなテーマの作品をグループ化し、グループ内で解決したい社会の問題、アートのもつ力について考え、話し合ったことなどをワークシートに記入する。全体でグループ発表し、アートを通してメッセージを伝える制作の意義について振り返りをする。 （1時間）		○	○	ワークシート 活動の様子

表の「知」は知識・技能、「思」は思考・判断・表現、「態」は主体的に学習に取り組む態度の略

【他教科との関連】　主権者に関する教育（現代的な諸課題に関する教科等横断的な教育内容）『中学校学習指導要領（平成29年告示）解説　総則編』pp.208-209

共通テーマ「よりよい社会に生きる」（主権者に関する教育）
目標：「よりよい社会の在り方を考えて、現代的な問題を発見し、解決していくために必要な批判的思考力及び自律的に行動する力を育む」

社会科　公民的分野
C 私たちと政治　（2）民主政治と政治参加
　　対立と合意、効率と公正、個人の尊重と法の支配、民主主義などに着目して、課題を追究したり解決したりする活動を通して、次の事項を身に付けることができるよう指導する。
イ　（ア）民主政治の推進と、公正な世論の形成や選挙など国民の政治参加との関連について多面的・多角的に考察、構想し、表現すること。
　　　　　　　『中学校学習指導要領（平成29年告示）解説　総則編』
○**第2編「私たちの生活と政治」**
　第1章　個人の尊重と日本国憲法
　　第2節　日本国憲法と基本的人権
　第2章　国民主権と日本の政治
　　第1節　民主政治と政治参加
（「中学校社会公民令和3年度版　年間指導計画案」日本文教出版）

道徳
第2　C　主として集団や社会との関わりに関すること
　　社会参画の意識と社会連帯の自覚を高め、公共の精神をもってよりよい社会の実現に努めること。

教材名　「No Charity, but a Chance!」
内容項目　C-(12) 社会参画、公共の精神
主題名「ともに生きる社会の実現」
ねらい「自分たちが生活する社会に自ら進んで参画し、よりよい共生社会を実現していこうとする実践意欲を育てる」
（「中学校道徳3年令和3年度版　年間指導計画案」日本文教出版）

6　本時の学習（本時は5時間中の1時間目）

（1）本時の目標

・社会の様相や自己との関わりを深く見つめることから主題を生み出し、心豊かに表現する構想を練る。　　　　　　　　　　　　　　　　　　　　（思考力、判断力、表現力等／**発想・構想**）

・社会参画、民主主義と関連させながら、生活や社会の中の美術の働きについて見方や感じ方を深める鑑賞の学習活動に主体的に取り組む。　　　　　　　　　　　　（**学びに向かう力、人間性等**）

（2）本時の展開

段階	時間	学習活動	指導内容・指導上の留意点	評価規準・評価方法
導入	20分	・ピカソやバンクシーの説明を聞く。 ・ゲリラ・ガールズの作品を鑑賞する。 ・コラージュ作品を見て、考えたことを発言する。 ・ペアで考えを話し合う	・生徒になじみのあるピカソやバンクシーの作品を紹介しながら、美術を用いて発信したり、社会に訴えたりすることについて考えさせる。 ・作品を見せながら、コラージュを活かした言論、表現について紹介する。 ○鑑賞作品　1 ゲリラ・ガールズの作品「Do Women Have To Be Naked To Get Into the Met. Museum?」(1989) ＊作品の文字を隠した状態で提示する。 **発問1**「この作品にはどんな工夫がされていますか」 ＊**予想される生徒の反応** 生徒：・頭がゴリラになっている。 　　　・名画の写真を使っている。 　　　・ちぐはぐな印象を受ける。 工夫や印象について発問を行った後、作品の文字の内容「メトロポリタン美術館に入るには、女性は裸にならねばならないの？」を示す。 **発問2**「作者は、どうして裸婦の頭をゴリラに変えて表現したのでしょうか。隣の人と話し合ってみましょう」 ・ペア学習で5分間、互いの考えについて話し合うよう指示する。 ＊**予想される生徒の反応** 生徒：・ちゃかしている。作者のユーモア。 　　　・怒りを表現している。 作品の文章「現代アート部門の女性アーティストは4％未満ですが、（作品に登場する）ヌードの76％は女性です」を見せて、作者の意図や制作の経緯を説明する。	**【主体的に学習に取り組む態度】** 社会参画、民主主義と関連させながら、生活や社会の中の美術の働きについて見方や感じ方を深める鑑賞の学習活動に主体的に取り組もうとしている。 （態度／鑑賞） 発言の内容 生徒の様子（ペア学習）

			○鑑賞作品　2 ジョン・ハートフィールド（1891-1968） ドイツのナチス批判のフォトモンタージュ作品	

発問3「ヒトラーが木の根元に水をかけて育てようとしているのは何だと思いますか」

			・コラージュ作品に込められた作者の意図を考え、発言する。	*予想される生徒の反応 　生徒：ナチスの兵士、戦闘員 *社会科：民主政治の学習との関連 ・社会的背景を踏まえて見ると、作品に込められた作者の意図が読めるようになることを説明する。	
			・フォトモンタージュ手法の効果、課題について説明を聞く。	・雑誌や新聞の切り抜きに意味をもたせて一つの絵をつくるフォトモンタージュ手法を説明する。「画像のサイズの変更、切り貼りなどで、面白さ、意味をもたせる。違和感で引き付ける効果がある」

「社会を構成する一人として、アートを通して自分のメッセージを伝えるコラージュ作品をつくりましょう」

			・題材を説明する。

「マインドマップで頭の中の連想ゲームをして、自分の関心事を見付けましょう」

			・マインドマップを作成し、自分の関心事について理解を深める。	・マインドマップは回収しないことを伝え、なるべく自由に記入するよう伝える。
展開	25分		・マインドマップをさらに書き込む。	・マインドマップ「自分」から、経験、趣味、思考などをきっかけにして書くよう指示する。（10分） ・「他者」グループからもスタートさせる。（5分） ・発想のヒントになる声掛けをする。 →「単なる好きなものの連想だけでなく苦手なもの、避けているものも書く」 →「なぜ連想したのかも考える」	【思考・判断・表現】 社会の様相や自己との関わりを深く見つめることから主題を生み出し、心豊かに表現する構想を練っている。 アイデアシート

		・グループで意見交換する。	・マインドマップ記入後、マップは見せ合わずにグループ内で意見交換を行うよう指示する。	
		・関心のあるテーマを選ぶ。	・マインドマップを見て、特に関心のあるテーマを赤ペンで囲むよう指示する。	
		・アイデアシートに記入する。	・アイデアシートの項目に沿って記入するよう指示する。 ＊予想されるテーマの例 飢餓、貧困、社会格差、気候変動、社会構造、いじめ、差別、人権問題、学校・クラスの問題、正義、コンプレックスなど	美術科「写真と訴えるアート」アイデアシート 3年 組 番 ●コラージュ作品を鑑賞して気になったこと ●マインドマップから選んだキーワード「どれが気になった？」 ●テーマ「何を伝える？」 ＿＿＿＿＿＿＿＿＿＿＿＿＿＿＿ ●必要性「どうしてこのメッセージが必要？」
まとめ	5分	・次回の予定と持ち物について話を聞く。	・アイデアシートを回収する。 ・次回は、アイデアスケッチを描き、コラージュ制作を進めることを伝える。 ・持参する材料や用具を板書する。	

（3）本時の評価

・社会の様相や自己との関わりを深く見つめることから主題を生み出し心豊かに表現する構想を練っている。 （思考・判断・表現／**発想・構想**）

・社会参画、民主主義と関連させながら、生活や社会の中の美術の働きについて見方や感じ方を深める鑑賞の学習活動に主体的に取り組もうとしている。

（**主体的に学習に取り組む態度／鑑賞**）

ワークシート　部分

「写真と訴えるアート」鑑賞・グループワークシート

3年　組　番

●友達からどんな感想をもらいましたか？

●解決したい課題や問いについて、自分たちの作品にはどんな効果・よさがありますか？

●お互いの作品を鑑賞して思ったことはなんですか？

●社会へのメッセージを、アートを通して伝えました。社会参加、政治参加、民主主義、というキーワードを踏まえて、芸術文化・アートの持つ力とは何だと思いますか？

引用・参考文献
第 4 章第 1 節
1) 鈴木淳子「造形表現活動における『経験の再構成』の構造（2）―『意識の経験の連続性』についての一考察―」『美術教育学』（35）（2014）
2) ハーバート・リード／宮脇理・岩崎清・直江俊雄訳『芸術による教育』フィルムアート社（2001）
3) ボルノー／浜田正秀訳『人間学的にみた教育学』玉川大学出版部（1969）
4) 鈴木淳子「造形表現活動における『経験の再構成』の構造―『経験のサイクル』による制作過程の構造化と指導法への活用―」『美術教育学』（34）（2013）
5) 前掲書 3) p.134

第 4 章第 2 節
1) ヴィゴツキー／柴田義松訳者代表『新児童心理学講義』新読書社（2002）p.36
2) 同上 p.36
3) ロート／平野正久訳『発達教育学』明治図書出版（1976）pp.248-251
4) V. ローウェンフェルド／竹内清・堀ノ内敏・武井勝雄訳『美術による人間形成』黎明書房（1995）pp.131-488
5) G.H. リュケ／須賀哲夫監訳『子どもの絵』金子書房（1979）
6) 前掲書 4) pp.330-334
7) ジョンストン／周郷博・熊谷泰子共訳『思春期の美術』黎明書房（1958）
8) 前掲書 1)
9) 柴田義松『ヴィゴツキー入門』子どもの未来社（2006）p.99
10) ヴィゴツキー／柴田義松・宮坂琇子訳『ヴィゴツキー教育心理学講義』新読書社（2005）pp.298-300
11) 前掲書 9) pp.101-102
12) 同上 p.116

第 4 章第 3 節
1) 文部科学省『中学校学習指導要領（平成 29 年告示）」解説 総則編』pp.204-205
2) 同上 pp.218-219
3) 文部科学省『中学校学習指導要領（平成 29 年告示）』総則第 2-3-（2）
4) 文部科学省『中学校学習指導要領（平成 29 年告示）』第 2 章第 6 節「第 3 指導計画の作成と内容の取扱い」及び『高等学校学習指導要領（平成 30 年告示)』第 2 章 第 7 節 芸術「第 3 款 各科目にわたる指導計画の作成と内容の取扱い」
5) 文部科学省『中学校学習指導要領（平成 29 年告示）』第 2 章第 6 節第 3 の 2（3）ア
6) 文部科学省『中学校学習指導要領（平成 29 年告示）解説 美術編』pp.130-131
7) エリオット W. アイスナー／仲瀬律久他訳『美術教育と子どもの知的発達』黎明書房（1986）p.257

美術鑑賞の意義と面白さ、そして可能性

アート鑑賞ナビゲーター　**藤田令伊**

美術鑑賞によって「もたらされるもの」

　私たちが美術鑑賞に親しむ、あるいは美術鑑賞を学ぶ今日的意義にはどういうものがあるのだろうか。あなた自身はどう考えているだろうか。

　美術鑑賞のメリットを思いつくままに挙げてみると、「気分転換」「ストレス解消」「非日常体験の獲得」「感動体験の獲得」「情操や感受性の育成」「教養の向上」といったものが考えられるだろう。

　しかし、美術鑑賞には趣味的なことだけにとどまらない可能性が秘められている。教育的な側面から見ると、フィリップ・ヤノウィンらが提唱している VTS（Visual Thinking Strategies）では、「集中力アップ」「合理的思考力の鍛錬」「コミュニケーション力の向上」「創造性の涵養（かんよう）」といった効用が挙げられている。

　筆者がある大学で担当した美術鑑賞に関する授業でも多様な効果が見出されている。当該授業は、美術鑑賞そのものというより、美術鑑賞によってもたらされるものを重視しているのだが、その「もたらされるもの」がどういうものかというと、筆者の授業では次の8項目を規定している。

　「積極性・バイタリティ」「主体的な自己の確立・開示」「コミュニケーション力」「合理的思考力」「多角的・重層的視点」「課題発見・解決力」「批判的態度」「新しい気付きを得る力」

　こうしたものを挙げると、「美術鑑賞でそんなことが養われるのか」と疑問に思うかもしれない。だが、学生たちは授業を通してすべての項目において「成長した」と報告してくれている。表1は、ある年度の授業の結果を取りまとめたものである。横軸は上記の8項目でそれぞれの項目について、学期初め、中間、学期末の3回にわたって学生たちに自己評価してもらった。評価の仕方は、5段階評価で「3」を標準と想定したら自分は何点と評価するかという方法であ

表1　8項目についての学生による自己評価

n = 23

	積極性・バイタリティ	主体的な自己の確立・開示	コミュニケーション力	合理的思考力	多角的・重層的視点	課題発見・解決力	批判的態度	新しい気付きを得る力	平均
初 期	2.2	2.5	2.3	2.9	2.8	2.4	2.6	2.8	2.6
中 間	2.9	3.1	2.7	3.3	3.2	2.8	2.9	3.2	3.0
期 末	3.5	3.6	3.4	3.5	3.8	3.2	3.7	3.6	3.5

る（「5」が最高）。

　このように、すべての項目において初期から中間、中間から期末へと点数が高くなっており、学生たちの成長を示す結果が得られた。これはこの年度だけに特異的に生じたことではなく、多少の変動はありつつも、どの年度においてもおおむね同様の結果となっている。また、表1は学生自身による採点だから主観的評価ということになるが、発話分析等による客観的評価によってもこの結果を裏付けるデータが得られている（紙幅の余裕がないので詳細には踏み込まないが、表1は様々な興味深いテーマを内包している。鑑賞学習の成果を追跡したものは案外少ないので、関心があれば掘り下げて考察してもらいたい）。

　ここから分かるように、美術鑑賞には一般に思われているより多彩で多様な効果効用が認められる。感性的情緒的な面にとどまらず、知性的認知的な面においても向上をもたらしうるものなのである。

想像以上に多彩な美術鑑賞のメリット

　いま少し掘り下げて考察しておこう。授業の中で学生たちが特に関心を示すものの一つが「ディスクリプション（description）」である。ディスクリプションとは「叙述・説明」の意味で、美術鑑賞においては作品の様態を言葉にして表す作業のことである。

　ディスクリプションを授業に取り入れたのは、学生たちが作品をより丁寧に見ることを促す目的であった。ところが、実際にやってもらうと、学生たちからは予想外の効用の報告がなされるようになった。表2にその例を挙げてみよう。

　学生たちはディスクリプションの極めて広範で多彩な学習効果を報告している。「観察深化」や「多角的視点獲得」は「見ること」を促すディスクリプション本来の狙いからして不思議ではないが、「思考促進」や「自論確立」といった「考えること」にも寄与している点が興味深い。さらには「積極性向上」や「他者理解」といった、一見ディスクリプションとは何の関係もなさそうなことをも挙げている者がいるのは驚きである。そして「楽しさ付加」という声も挙がっているのが筆者としてはうれしいところだ。

　このように、ディスクリプションという作業一つをとってみても、美術鑑賞が私たちにもたらすものがいかに豊饒であるかが分かる。いかがだろう、美術鑑賞には想像以上に多岐にわたるメリットがあることに驚くだろうか。

表2 学生から挙げられたディスクリプションの効用

学生1	思考促進、楽しさ付加
学生2	多角的視点獲得、想像力向上、積極性向上
学生3	観察深化、多角的視点獲得、思考促進、想像力向上、発想力向上、感性向上
学生4	思考促進、自論確立
学生5	観察深化、思考促進、他者理解
学生6	観察深化
学生7	思考促進、多角的視点獲得
学生8	観察深化、多角的視点獲得、思考促進、楽しさ付加
学生9	観察深化
学生10	思考促進

美術鑑賞は次世代型の学びに適している

　ところで、いま日本や世界の教育は大きく様変わりしつつある。その方向性をひと言でいえば、「知識からスキルへ」である。

　そのことが端的に示されたのが、2010年にメルボルンで開催されたプロジェクト「ATC21s（Assessment and Teaching of 21st Century Skills）」であった。インテル、マイクロソフト、シスコシステムズの三つのIT企業と、オーストラリア、フィンランド、ポルトガル、シンガポール、イギリス、アメリカといった国々の教育学や情報学の研究者たちが一堂に会し、21世紀に求められる教育の在り方が検討された。旧来型の知識一辺倒の教育ではこれからの時代に対応できないとし、与えられた課題にパターン化した解法を適用する力ではなく、未知の事態や既存の答えのない事柄にも自らの頭で主体的に考え、ソリューションを導き出せる力が養われなければならないとされた。その中から、これからの教育が目指すべきものとして提唱されたのが「21世紀型スキル」である。同様のものがOECD（経済協力開発機構）からも「キー・コンピテンシー」として提案されている。

　21世紀型スキルは、①「思考方法のスキル（Ways of Thinking）」、②「働くときに役立つスキル（Ways of Working）」、③「働くときにツールを活用するスキル（Tools for Working）」、④「世界で生きるスキル（Ways of Living in the World）」の四つの領域を重視、規定している。

　この21世紀型スキルと先述の8項目やディスクリプションの効用を照らし合わせると、多くが重複していることが分かる。つまり、美術鑑賞は21世紀型スキルの育成に寄与しうるものであり、美術鑑賞は次世代型の学習・教育に適した優れた学びのモデルといえるのである。今なお次世代型の教育の在り方が試行錯誤されている中にあって、美術鑑賞が先鞭をつけているのは、もっと周知・活用されてよいことである。

「美術」と「美術鑑賞」は異なる

　本コラムの最後に改めて確認しておきたいことがある。本書を手にしている人は美術教育についての学習を進めている人だと思うが、「美術」と「美術鑑賞」は必ずしも同じではないということを明確に認識しておいてほしいのである。

　よく書店で「美術鑑賞入門」といった本を目にするが、その中身はと見てみると、多くが「バロック美術の特徴」とか「印象派を生み出した背景」といった内容になっている。それらは「美術鑑賞」という「見ること」そのものではなく、「美術」あるいは「美術史」の範疇に属する情報である。「鑑賞」という言葉が付いている以上、本来は「見ること」に焦点が合わせられた内容が期待されるが、そうなっているものはごく少ない。それは学校教育においても同様で、「美術鑑賞論」といった授業名が付されていても、シラバスを見ると事実上「美術史」というべきものであることが多い。かくして、ほんとうに「見ること」について学ぶことのできる機会は極めて少ないのが実情である。

　もし、あなたが「美術鑑賞」を主たる領域として活動していくつもりなら、このことを念頭に置いて、「見ること」を重視した教育を展開していってもらいたいと願う次第である。

第5章　授業の実際

第1節 美術科の授業

│1│ 学習指導力

　美術の専門的な知識・技能を修得した誰もが生徒を指導できるわけではない。授業をするためには、美術の専門的知識・技能に加えて、実践的指導力である学習指導力（授業をする力）が必要である。学習指導力は、指導者が経験や研鑽を重ねることによって身に付くものである。

　学習指導力は、次のような能力から構成される（図1）。始めに、指導計画の作成段階で求められる能力として、「授業をデザイン、構想する力（授業の目標や内容、展開、学習形態などを構想する力）」、「教材を選択し、開発する力（授業の目標を具現化するために最適な教材を準備する力）」がある。次に、授業の実施にあたっては、「指導技術（授業内容を分かりやすく伝えるためのスキル）」、「統率力（学習集団をまとめ、リードする力）」がある。そして、振り返り、評価の段階では、「授業や学習状況を評価する力（授業全体を振り返り改善につなげる力、生徒の学習状況を見取り評価する力）」が求められる[1]。

　さらに、これらの学習指導力全体を支える資質・能力として、教員としての「使命感・熱意」「生徒理解力」がある。生徒理解力とは、生徒に寄り添い、その学力や興味・関心、課題など個々の特長を把握して生徒の気持ちを理解したり、言動の要因などを分析したりする力である。指導計画を作成し授業をするためには、まず、対象である生徒について、教科の知識・技能の習得状況や授業に臨む姿勢、興味・関心など、その実態を把握することが必要である。

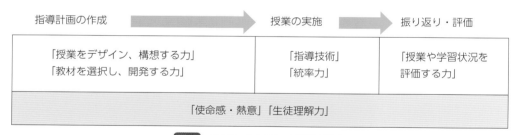

図1 教員に求められる学習指導力

│2│ 指導技術

　指導技術とは、学習者に知識や技能を分かりやすく伝達するためのスキルである。具体的には、話し方、発問、指名、板書、机間指導、話し合い活動や聞き方の指導、学習形態の工夫や選択、授業進度の調整、教具の活用などがある。授業技術は、知識として理解するだけでは不十分で、自ら実践することにより習得するものである。他者の授業を参観して優れたところを積極的に取り入れたり、自分なりに考えて試したりすることを通して、少しずつ磨かれていくのである。そのためには、毎回の授業を振り返り、指導教員から指摘されたことや気付いたことを整理し、意識的に改善する姿勢をもち続けることが大切である。

話し方

　授業では、声量、話すスピード、抑揚、表情を意識して話す。抑揚のない単調な話し方が続くと、授業の要点が分かりづらく、生徒の集中も続かない。教員は、明確な指示を出して学習活動を進め、生徒を動かさなければならない。話し方は、統率力にも関わる。あらかじめ話す内容や順序をしっかり頭に入れ、授業では堂々と自信をもって話すようにする。話し方のポイントは次の通りである。

・教室全体に聞こえる声の大きさで、言葉や語尾を明瞭に発する。
・生徒の表情や反応を見ながら話す。
・表情豊かに動作を交えながら話す。
・授業の要点を伝えるときは、ゆっくり、はっきりと話す。
10　・適度な「間」を取りながら、声量、話す速さにメリハリをつけて話す。
・指示は簡潔に、一文を短くして、だらだらと話さない。

目的や場面に応じた話し方

　授業中に指示や発問をするときは、生徒が前を向いているか全体の様子を確認し、教員に注目させてから話を始める。また、話す内容や目的、場面に応じて語尾を使い分ける。例えば、指示や注意する場合は、「～しましょう」「～しなさい」「～してはいけません」など断定を意識して話す。助言する場合は、生徒の学習活動に役立つように「～するといいですね」などの柔らかい言葉掛けをする。語尾が曖昧だと指導内容が明確に伝わらない場合がある。

　危険を伴う学習活動に対する指示や注意は、今している作業をいったんやめさせ、手を置くよう指導してから行う。全生徒の目線が集まり、話を聞く姿勢ができるまで待ち、全体が見渡せる位置（教壇の上）から、はっきりと力強い口調で話すようにする。

20　アイデアが浮かばない生徒や学習活動の見通しが立たない生徒に対する個別指導では、生徒の目線に合わせた位置で、生徒の表情や反応を確かめながら、本人だけに伝わる程度の声量で話すなどの配慮をする。生徒に指示や注意をするときの目線の高さは、生徒よりも高い位置がよい。生徒と話すときに、あだ名で呼ぶなど友だちに話すような口調になったり、冗談のつもりで生徒の自尊感情を傷つける発言をしたりすることがないよう、常に教員としての立場をわきまえた言葉遣いをする。

言語環境の整備

　学習指導要領では、言語活動の充実について、「各学校において必要な言語環境を整えるとともに、国語科を要としつつ各教科等の特質に応じて、生徒の言語活動を充実すること[2)]」とあり、言語環境の整備の例として、以下の項目に留意する必要が示されている。

①教師は正しい言葉で話し、黒板などに正確で丁寧な文字を書くこと
②校内の掲示板やポスター、生徒に配布する印刷物において用語や文字を適正に使用すること
③校内放送において、適切な言葉を使って簡潔に分かりやすく話すこと
④より適切な話し言葉や文字が用いられている教材を使用すること
⑤教師と生徒、生徒相互の話し言葉が適切に行われるような状況をつくること

⑥生徒が集団の中で安心して話ができるような教師と生徒、生徒相互の好ましい人間関係を築くこと[3]

専門用語の使用

　授業では、生徒が理解できる用語を使って説明する。普段の制作で使い慣れているエスキース、マッス、パース、ヴァルールなど美術の専門用語は、中高生には意味が十分に伝わらない場合があるので使用を避ける。例えば、エスキースは下絵、またはアイデアスケッチとし、ディテールは、細かい部分と言い換えるなど、分かりやすい言葉を使って説明する。必要に応じて、図やイラストを用いて説明するなど伝え方を工夫する。

発問

　発問は、授業の目標を達成するために、教員が生徒に行う意図的な問い掛けである。授業は発問によって組み立てられ、進行する。生徒は発問について考え、発言したり、他者の考えを聞いたりする学習活動を通して、授業への参加意識を高めていく。特に、題材導入時の発問は、その後の学習を方向付け、全体のテーマに対する興味・関心や思考を深める上で重要である。生徒が主題を生み出すまでの思考の流れは、発問の組み立てによって構成される。この他に、発問は学習内容を広げたり、まとめたりするときにも有効である。教員が一方的に説明するだけの時間が長くなると、生徒の考えが深まらないだけでなく、集中力や学習意欲の低下を招くことになる。発問を軸にした双方向のコミュニケーションのある授業展開を工夫する。

　次に、発問をしたら、その後に考える時間（「間」）を取る。この「間」によって、教室全体が静まり、緊張感がもたらされる。生徒の表情等を観察しながら、生徒全員が考える時間を取った後で、挙手を求めたり生徒を指名したりする。発問に対して、積極的に手を挙げる生徒だけが分かっているのではない。手を挙げないが、分かっている生徒や個別の指示が必要な生徒もいることを理解しておく。

　さらに、同じ発問をしても、クラスによって反応や教室の雰囲気は異なる。生徒が自分の考えを安心して発言できる学びの環境をつくるために、教員が生徒の考えを受容し、価値付ける言葉掛けをすることが大切である。また、他の生徒が発言者の間違いを笑ったり、勝手に話し始めたりすることがないように、友だちの発言を聞くときの約束（授業ルール）をつくり、継続的に指導する。

クローズド・クエスチョンとオープン・クエスチョン

　生徒が「はい」か「いいえ」など限定された選択肢の中から答える発問をクローズド・クエスチョン（閉じた発問）という。これに対して、生徒の多様な考えを引き出して自由に答えさせる発問をオープン・クエスチョン（開いた発問）という。

◆題材「修学旅行の思い出を描く」における次の発問を比べ、発問の順番を考えてみよう。

　発問Ａ：「京都は好きですか」「京都を訪れたのは初めてですか」

　予想される生徒の反応：「はい」「いいえ」　　　　　　　⇒クローズド・クエスチョン

　発問Ｂ：「京都のどのようなところが好きですか」「それはなぜですか」

予想される生徒の反応：「〜なところです」「〜だからです」　⇒オープン・クエスチョン

発問計画

　授業の目標を明確にした上で、生徒の思考の流れに即して、次第に主題生成に至るように発問計画を立てる。よく練られた発問計画によって学習活動は活性化する。発問計画を立てる際は、発問に対して生徒はどのように考えるか、あらかじめ生徒の反応（発言）をいくつか予想してみる。発問内容が適切かどうかは、次のように実際に自分で答えを書き出してみると分かる。

◆「春」をテーマにしたデザインの題材「平面構成」における発問Ａ、Ｂの違いを比較しよう。
　生徒が題材の内容を理解し、主題を生み出すためには、どちらの発問が適切だろうか。

　　発問Ａ：「『春』という季節からどのようなことを思い浮かべますか」
　　予想される生徒の反応：「桜、チューリップ、入学式、クラス替え、花粉症……」
　　発問Ｂ：「『春』という季節からどのような形容詞を思い浮かべますか」
　　予想される生徒の反応：「明るい、さわやかな、清々しい、生命感あふれる……」

　発問Ａの「どのようなこと」を、発問Ｂは「どのような形容詞」に置き換えただけであるが、この一言で生徒の反応は大きく異なる。デザイン「平面構成」の題材は、「春」の風物を描くのではなく、「春」から連想するイメージを形や色彩で構成し表現する内容なので、Ｂの発問が適切となる。このように、発問の内容は、授業のねらいや全体のテーマ、授業展開を考えて練るだけでなく、使用する言葉も十分に吟味する必要がある。
　また、生徒の思考が深まるように、クローズド・クエスチョンとオープン・クエスチョンを効果的に組み合わせることが必要である。学習指導案には、「発問」と「予想される生徒の反応」を記述することもある（⇒学習指導案作成例3 p.103、作成例4 pp.108-109を参照）。生徒の思考過程は、発問の組み立てによってつくられる。さらに、発問に沿ったワークシートを用意し、生徒が自分の考えを書き込みながら進めていくようにすると、思考過程が可視化され、考えの整理、主題生成に効果的である。

共感的な受容

　発問に対する生徒の発言を聞くときは、生徒の言葉だけでなく表情も注視し、共感的に受け止めるように心掛ける。具体的には、生徒の発言をうなずきながら聞いたり、他の生徒にも分かるように発言内容を端的にまとめて繰り返したりするなどである。
先生：「この水彩画からどんな印象を受けましたか」
生徒：「鉢植えのピンクや黄色の花から、春らしい明るい感じや暖かさを感じます」
先生：「そうですね、画面の色彩から春の明るさが伝わってきますね」
　このような共感的な受容によって、生徒は「自分の意見を先生はしっかり聴いてくれている」「自分の考えが認められた」と感じる。生徒一人一人の考えや感じ方を的確に受け止め、発言内容を評価することは、生徒の自己肯定感を高め、授業に対する参加意欲や学習意欲を向上させることにつながる。

板書

　板書は、口頭で伝えた学習内容や発問に対する生徒の考えなどを整理して書くことで、授業を分かりやすく構成したり、まとめの段階で授業を振り返ったりするときに役立つなどの効果がある。1単位時間で黒板1枚程度を使用し、横書きの場合は黒板に向かって左上から書き始める。生徒が見たときに、本時の目標やポイントがすぐに分かる板書であることが望ましい（図2）。板書したことは直ぐに消さずに、生徒が制作途中に授業の目標や注意点、制作手順などを確認できるように、授業の終わりまで残しておく。

図2　板書（横書き）の進め方

　板書の内容や参考作品を貼る位置など、黒板全体のレイアウト（何を、どこに書くか）は、事前に「板書計画」を立ててから授業に臨むようにする。板書計画を立てることにより、授業の流れが整理され、学習活動を概観することができる。チョークで書くだけでなく、「授業の目標」「制作手順」「次回の持ち物」など毎回使用する同じ文言は、厚紙などに書いたものを貼ることで時間短縮になる。

　板書をする際の留意点は、次の通りである。

・誤字や筆順の間違いがないように正しい字形で、楷書を用いて丁寧に書く。

・黒板に横書きをする場合は、時間の流れに沿って横軸を左から右に、縦軸は内容を上から下に順次書き進めていく。次第に文字列が斜めに傾かないように真っすぐ書く。

・教員の書くスピードが遅いと、黒板を見て生徒に背を向けている時間が長くなり、その間に教室がざわついたり授業のテンポが崩れたりするので注意する。

・生徒の発言を聞き取って板書する場合は、話し言葉をそのまま書くのではなく、ポイントになる言葉を抜き出し、簡潔にまとめて書く。

・文字の大きさは、おおよそ7cm角前後の大きさを目安に、適度な筆圧で書く（文字が大きくても筆圧が弱いと薄くなり、後ろから見えにくい）。授業前に実際に板書して、文字が教室の一番後ろの席からもしっかり読み取れることや資料を貼る位置などを確認する。

・黒板全体を一つの図として捉え、重要なポイントが一目で分かるように、黄色チョーク、下線、囲み枠、矢印・記号、図式化などで強調し、視覚的に見やすい工夫をする（＊緑や青など、黒板上で識別しづらい色チョークの使用は避けること）。

　教員としての力量形成のためには、授業終了時に黒板全体の板書内容を写真撮影し、授業記録として残しておくとよい。授業の振り返りや前時の確認に役立ち、授業の改善点が明確になる。

学習形態

　学習効果を高め、学習内容を確実に身に付けることができるように、指導形態を工夫する。学

習形態には、一斉学習、個別学習、ペア学習、グループ学習がある。一斉学習は、教員が一人で全員を指導する学習形態で、題材の説明など教員が直接的に全体に伝える際に効率的である。個別学習は生徒が個々に課題に取り組む時間、ペア学習やグループ学習は意見交換をして考えやアイデアを広げたり深めたりする時間である。全体の発表の場では、自由に自分の考えを言いづらいという生徒も、少人数グループでの話し合いならば積極的に参加できる場合がある。発想・構想段階で、テーマについて考えたことを一度グループ内で発表し合い、様々な考えを共有し情報を精査することで、自分の主題が明確になる場合もある。

常に同じ学習の進め方ではなく、それぞれの場面で何を習得させるのか明確なねらいをもって、学習形態のメリットを生かした組み合わせを決めることが重要である。表現の題材では、図3のような学習形態の組み合わせが考えられる。

学習過程	題材の導入	発想・構想	主題の生成	制　作	鑑　賞	振り返り
学習形態	・一斉学習	・個別学習 ・ペア学習 ・グループ学習	・個別学習	・個別学習 ・グループ学習 （共同制作）	・一斉学習 ・個別学習 ・グループ学習	・個別学習

図3 学習過程に応じた学習形態の例

机間指導

机間指導は、一斉指導では把握できない個々の生徒の学習状況や理解度、進度、グループ活動の様子をつかむために行う。通常、全員に話すときの教員の立ち位置は、全体を見渡せるように黒板を背にした教卓の前であるが、制作中はできるだけ机間指導を行うようにする。教室内の通路をゆっくり歩きながら、生徒が課題を把握できているかどうか学習状況を観察し、指示や助言を必要とする生徒に対して個別指導を行う。また、できるだけ多くの生徒に励ましや認めの言葉掛けをして、積極的にコミュニケーションを図るようにしたい。机間指導には、次のような役割がある。

・生徒の制作の状況（アイデアが思い浮かばない生徒、制作が遅れがちな生徒、課題が早く終わっている生徒など）を把握し、進度に応じた個別指導を行う。
・制作の様子から、技能の習熟程度を把握し、必要に応じて安全指導を行う（図4）。
・生徒一人一人の考え方や捉え方（主題や自己目標など）を把握し、指導と評価に生かす。
・生徒の学習状況（課題の記述内容、進度等）を確認し、全体の話し合い時の発表者として指名する生徒を選ぶ。

図4 用具の正しい使い方をチェックする

・個別の言葉掛けで、努力や成果を認める。励ますことによって、生徒のやる気を引き出す。

学習進度と個別指導

制作の進度は個人差が大きく、全員が同時に制作を終えることはない。制作が遅れがちな生徒

やつまずきのある生徒に対しては、適宜、個別指導が必要である。

　一方、題材の後半になると、予定時間よりも早く作品が仕上がった生徒が出てくる。作品の完成を決めるのは生徒自身であるが、作品を見て表現が不十分な箇所があれば指摘し、よりよい作品になるよう指導する。作品を提出した生徒が時間を持て余すことがないように、事前に生徒が自力で取り組めるミニ課題をいくつか用意しておくようにする。例えば、既習した技法（モダンテクニックや透視図法など）を用いて、短時間で取り組めるワークシート形式の課題などが考えられる。

ICT 機器の有効活用

　プロジェクター、電子黒板、実物投影機、タブレット型端末など ICT（Information and Communication Technology）機器を活用した授業を行うことによって教育効果を高めることができる。活用にあたっては、どの学習過程の場面に使用するか、目的や効果を明確にした上で授業計画を立てて準備する。

◆ ICT 機器の活用例
・作品鑑賞やテーマに関する画像、映像などの資料、関連作品の提示
・授業で使用する材料や用具の紹介、使用法の説明
・PowerPoint による題材説明
・ワークシート、プリントの拡大提示による説明
・アイデアスケッチ、ワークシート記入例の紹介

| 3 |　授業の導入

導入の工夫

　導入には、新たな題材や授業の始めに、どのようなことを学ぶのかを生徒に伝え、興味・関心をもたせる重要な役割がある。題材のテーマや目標、材料や制作条件・手順の説明などを行うことで、生徒が見通しをもって学習活動に取り組むことができるようにする。題材に対する興味・関心を高める導入は、生徒の学習意欲や主体性を引き出し、作品制作に大きな影響を及ぼす。導入時の生徒の反応の上に、その後の学習活動は築かれるといっても過言ではない。

　美術教育の内容は、身に付けた美術の知識や技能を活用し、創造的な造形活動を繰り返しながらスパイラルに資質・能力を高めていく構造である。例えば、水彩絵の具で表現する描画の題材は、小学校図画工作・中学校美術科で何度も繰り返し登場する。多くの中学生にとって、風景画や自画像は初めて取り組む題材ではない。そのような生徒に、「風景画」の面白さを発見させるには、「新たな学び」を明確に示し、これまでとは異なる新たな視点で生徒に題材の面白さを伝える導入が必要となる。導入には、次のような手立てがある。

・参考作品や関連する資料（画集、写真集、詩、物語、俳句、画像、音楽、映像など）を鑑賞する。
・生徒の思考を深め、主題生成につながるワークシートを活用する。
・制作のきっかけとなるゲーム、演習、グループワークなどを行う（くじで言葉や事物を選ぶなど）。
・学校行事（修学旅行など）との関連を図る。

・他教科や総合的な学習の時間（体験学習）との関連を図る。

・地域と連携・協働し、ゲストティーチャーによる講話や演習を行う。

▌参考作品の活用

　題材の導入時に参考作品として過去の生徒作品を提示する場合がある。参考作品を見せるタイミングとして、導入時だけでなく、制作途中、アイデアが思いつかない生徒への個別指導などが考えられる。その際、生徒に参考作品を一点だけ見せると、「このような作品をつくります」と手本を示すことにもなりかねない。生徒の自由な発想を広げるために、発想や表現方法の異なる複数の作品を提示することが望ましい。また、完成度の高い作品だけでなく、生徒にとって「これならできそう」と思える作品も織り交ぜるとよい。参考作品を提示する際は、以下のメリット、デメリットを踏まえて計画する。

10 ◆メリット……生徒に題材の内容が容易に伝わる。制作の見通しを立てやすい。作品のアイデアを考えやすい。作品制作への関心・意欲が高まる。

◆デメリット……参考作品と似たような傾向の作品をつくる。新たな発想やアイデアが出にくい。技術的に優れた作品例に対して「難しい」と感じ、意欲が低下する。

▌授業の目標と予定の伝達

　生徒が明確な目標や見通しをもって、主体的に学習活動に取り組み、限られた時間を有効に使うことができるように、毎時間の授業の導入では以下の内容を伝える。

・本日の授業の目標

・学習内容（制作手順、材料・用具の説明、安全指導など）

・学習活動の時間配分や終了予定時間

　中学校美術科では、第1学年の限られた期間の2時間授業を除けば、週1時間（50分）の中

20 で、準備から導入、制作、後片付けまでを終えなければならない。生徒が集中して制作できる時間を少しでも多く確保するよう導入時の説明は要点を押さえ、端的に整理して話すようにする。

｜ 4 ｜ 学習活動が進まない生徒への支援

▌生徒の意識に対する理解

　一題材の授業時数が長いほど、毎時間生じる遅れが積み重なっていき、生徒の学習進度差は大きくなる。特に、何段階も工程がある立体作品の制作では学習の遅れが生じやすい。学習進度の違いは、知識・技能、テーマ理解力、発想・構想力、制作に対する集中力や持続力など個々の資質・能力の差に起因するが、それだけではない。この他に、課題を聞いていなかった、必要な材料や用具を忘れたことを黙っている、やりたくない、美術が嫌い、描いたものを周りの友だちに見られたくないなど、可視化されない生徒の思考や感情の働き（「生徒の意識」）が要因として考えられる（⇒第4章第1節4 p.62）。

　学習の遅れという状況に対して、能力差だけを注視するのではなく、生徒の意識を理解するよ

30 うに努めなければ、適切な支援はできない。生徒とのコミュニケーションや授業中の様子の観察、学習成果物（ワークシート、アイデアスケッチ、制作途中の作品など）の内容などから、生

徒の意識に寄り添い、理解することが大切である。

　生徒がどこでつまずいているのか、生徒の様子を観察し、生徒とのやり取りの中から状況を把握して適切な支援を行う。具体的な支援の方法として、全体に提示した作品の他に関連する資料などを見せて説明する、主題生成につながる発想法（マインドマップなど）を活用するなどがある。

█ 複数の例を提示した助言

　アイデアが思い浮かばず、学習が遅れている生徒に助言を行う際は、複数の例を提示する。教員に「○○があるよ」と一つの案を勧められると、生徒はそれを取り入れてやればいいのだと、自分で考えずに従ってしまいがちである。助言をするときは、「○○や、△△などもあるよ」と生徒の視野を広げるいくつかの例を示し、最終的に生徒自身が選択して決めるように支援する。主題生成にあたって、生徒が「自分の表現したいことは何か」を考え、自己と向き合いながら自己決定することは、主体的に学習に取り組む態度を培い、自己肯定感を高めることにつながる。

│ 5 │ 　生徒との信頼関係の構築

█ 生徒理解

　教育は学習者と指導者の信頼関係の上に成り立っている。「教育は人なり」といわれるように、教育の成否は教員の資質・能力に負うところが極めて大きく、教員は総合的な人間力を備えていることが求められる。学校での教えが生徒に浸透するのは、教員に対する信頼があるからに他ならない。生徒との信頼関係を築くには、生徒を共感的に理解し、生徒の直面する問題に真剣に向き合っていくことが大切である。

　生徒を理解するには、美術の授業だけでなく、休み時間、清掃や給食の時間、学校行事、個人面談、放課後、部活動など様々な場面の様子を観察し、生徒と積極的にコミュニケーションを図るようにする。休み時間の生徒の様子から、友だち関係やクラス内の人間関係が見えてくることもある。また、学級担任、養護教諭、部活動顧問、スクールカウンセラーなど複数の目による日常観察も多角的な生徒理解に役立つ情報となる。生徒一人一人の学力、興味・関心、課題、人間関係など総合的に実態を把握し、生徒の人間形成につながる指導を行うようにする。

█ 学習成果物の確認と言葉掛け

　授業後に回収した学習成果物（学習カード、ワークシート、アイデアスケッチ、鑑賞カード、作品など）は毎回点検・確認して、理解度や達成度、学習進度を把握する。完成した作品だけを評価するのではなく、学習過程における生徒の取り組みをしっかり捉え、認めることが大切である。生徒の課題や努力に対しては、授業の中で個々に助言や励ましの言葉掛けをして、直接生徒に伝えるようにする。

　また、作品を認めるときは、「いい絵だ」「よくできている」など曖昧な表現ではなく、「遠近感が表現できている」「細かいところまでよく観察している」「配色を工夫している」など、具体的に良い点を挙げて評価を伝える。生徒が、「先生は自分のことをしっかり見てくれている」と実感することで、教員に対する信頼感が生まれるのである。

| 6 | 生徒指導と授業規律

　落ち着いた雰囲気の中で、生徒が学習に集中することができる環境が整わなければ、授業は成立しない。学習環境を整えるには、生徒指導を通して生活規律（学校生活のルール）や授業規律（授業ルール）を生徒に定着させる必要がある。学習指導と生徒指導が車の両輪のように機能し、支え合うことで教育活動は成り立っている。

　生徒指導は問題行動への対応と思われがちであるが、本来は生徒一人一人の人格を尊重し個性の伸長を図りながら、社会的資質や行動力を高めることを目指して行われる教育活動を意味する[4]。学校の組織的な生徒指導が十分に機能してこそ、学習指導の成果を出すことができるのである。

　授業規律には、チャイムが鳴り終わるまでに着席して次の授業の準備をする、授業の始まりと
10 終わりにあいさつをする、授業中に勝手に席を離れたり私語をしたりしない、名前を呼ばれたら「はい」と返事をするなどがあり、これらは学びの基盤である。美術科の授業規律には、次のような内容がある。

・連絡された用具や材料を持ってくる。
・先生の話を聞くときは、制作をやめて先生の方を見る。
・刃物や工作機械は使用方法を守り、安全に気を付けて使う。
・使った道具は、元の場所にもどす。
・後始末、掃除はグループで協力して行う。
・友だちの作品のよさや気付きを認めた上で批評する。
・作品は最後まで完成させる。
20 ・絵の具やスケッチブックは、使い切ったら補充する。

　授業規律は、一度の指導で定着するものではない。一貫性のある指示を繰り返し、継続的に指導する必要がある。教員間で異なるルールをつくらず、学校共通のルールを組織的、計画的に指導する。

| 7 | 美術室の環境整備

　実技以外の授業やホームルームを行う一般の教室に対して、美術室や音楽室は特別教室という。特別教室には、授業で使う材料や用具を保管するための準備室があり、美術教員が美術室と準備室の環境整備を行う。特別教室の構造や設備、机・椅子は、教科の学習形態、用途に応じた専用の仕様となっている。例えば、美術室で使う箱椅子は一面が板張りであるが、これはのこぎりで木を切るときに台として使うためである。また美術室では、描画など作業のために必要な照度が十分に確保されていなければならない。教室等の環境（換気、保温、採光、照明、騒音等）
30 の基準は、学校保健安全法に基づき、「学校環境衛生基準」で定められており、日常的な点検が必要である（図5）。

　美術室は全学級の生徒が使用するので、材料や用具の整理整頓、作品整理・保管、授業後の片付けや清掃など、常に環境整備をする必要がある。特に、前の授業で使用した材料や用具が片付けられずに残っている状態で次の授業を始めることがないようにする。授業時間内に片付け、清掃が終わるよう時間配分をして計画的に進める。また、授業中に粉塵や塗料などの臭いが発生する学習活動の場合は、十分に換気をして教室内の空気の汚れに気を付ける。

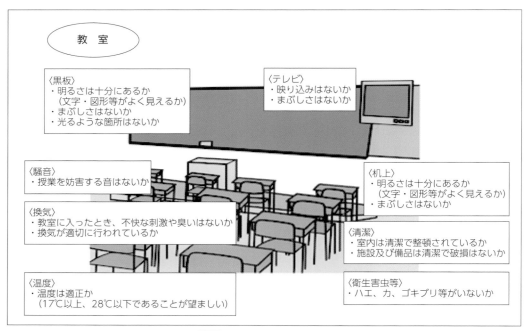

鑑賞のための環境づくりでは、教室や廊下の壁面に生徒作品や学習内容に関する資料等を展示して、美術に対する生徒の興味・関心を高め、制作への意欲付けになるようにする。

8 模擬授業と略案の作成

模擬授業は実際の教室を使い、学習者（生徒）がいることを想定して試しの授業を行うことである。模擬授業では、導入部分など授業の一部（15分程度）を行う。時間は短いが、授業者の実践的指導力や授業に対する姿勢を見極めることができるので、教員採用試験の最後に模擬授業を設けている自治体も多い。事前に授業のシミュレーションを繰り返すなど、万全の準備をして臨むことが必要である。

模擬授業の進め方は、授業者が事前に提出した「略案（学習指導案を簡略化したもの）」を基に、指導教員（教員採用試験では3～5人の面接官）や学生が生徒役となって行う。略案は、指定されたサイズの用紙1枚以内に収まるように、各項目を簡潔に記述する（図6）。模擬授業後は、授業の内容や板書の仕方、展開、指導技術について振り返りを行い、よいところや改善点などを明らかにする。

> **模擬授業の事前準備**
> ・学習指導案（略案）、板書計画案（図7）、黒板掲示物（参考作品、テーマに関する資料等）の作成
> ・ワークシート、プリント（図8）等の作成
> ・リハーサルの実施（時間を計測して授業を行い、内容や話す速さを確認・調整する）

高等学校芸術科　美術Ⅰ　学習指導案（略案）

氏名

1　題材名「私らしさを伝えよう！　～オリジナルキャラクターづくり～」

2　題材設定の理由

（題材観）

本題材は自分を相手に伝えることを目的としたデザインで、自己と向き合い観察することにより見つけた個性やイメージを基にオリジナルキャラクターを作成し、ポスターカラーを用いて表現するものである。

（指導観）

・「自分らしさ」を記入する項目を設けたワークシートを用いる。

・モチーフを「単純化」する手順や着彩の過程をプリントに図示する。

3　題材の目標

・形や色彩の働きや造形的な特徴などを基に全体のイメージで捉えることを理解する。

・「単純化」「省略・強調」など表現を工夫し、意図に応じてポスターカラーの特性を生かして表す。

・自己の特徴から主題を生み出し、形や色彩の効果や特性を考え、創造的な表現の構想を練る。

・キャラクターの洗練された美しさを感じ取り、作者の心情や意図と創造的な表現の工夫について見方や感じ方を深める。

・自分の中のイメージや考えたことを創造的に表現したり鑑賞したりする学習活動に主体的に取り組む。

4　指導計画（全4時間扱い）

（1）キャラクターの役割を理解し、アイデアスケッチを描く………1時間（本時）

（2）表現の工夫を考え、下描きする…………………………………1時間

（3）着彩する……………………………………………………………1時間

（4）作品を紹介し、全体で鑑賞する…………………………………1時間

5　本時の学習

（1）本時の目標

・自己の特徴から主題を生成し、形や色彩の効果や特性を考え、創造的な表現の構想を練る。

・キャラクター作成に興味をもち、主体的に学習活動に取り組む。

（2）本時の展開

	学習活動	指導内容・指導上の留意点	評価規準・評価方法
導入 15分	・キャラクターについての説明を聞く。 ・プリントを参考に題材内容、制作手順を把握する。	・既存のキャラクターの画像を見せながらキャラクターの役割について説明する。 ・課題内容を説明する。 ・ワークシート・制作手順をまとめたプリントを配布し、アイデアスケッチの進め方を説明する。	【主体的に学習に取り組む態度】 キャラクター作成に興味をもち、主体的に学習活動に取り組もうとしている。 生徒の様子・発言内容
展開 25分	・アイデアスケッチを描く。	・机間指導を行う。 ・アイデアスケッチが進んでいる生徒には、作品の意図を聞いたり、デザインの工夫を助言したりする。 ・アイデアが思い浮かばない生徒とは、個別に話し合い、参考作品などを見せる。	【思考・判断・表現】 自分の特徴を捉え、そのイメージを表現できるよう構想を練っている。 アイデアスケッチ
まとめ	・次週の授業説明を聞く。	・次週の授業内容を説明し、持参する物を板書する。	

（3）本時の評価

・自己の特徴から主題を生成し、形や色彩の効果や特性を考え、創造的な表現の構想を練っている。

・キャラクター作成に興味をもち、主体的に学習活動に取り組もうとしている。

図6　略案例

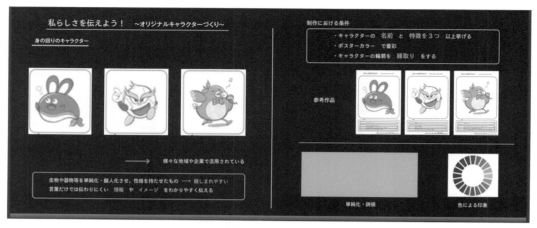

図7 板書計画案

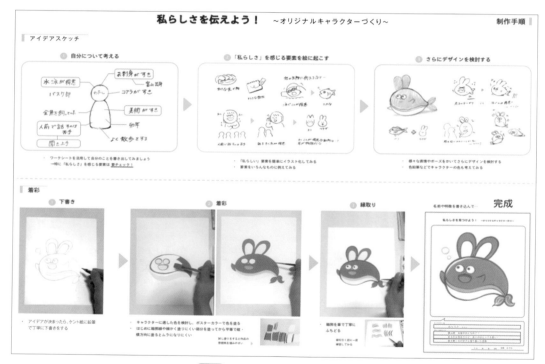

図8 制作手順の説明プリント

略案例（図6）、板書計画案（図7）、制作手順の説明プリント（図8）は、学生の作成例に筆者が加筆したものである。

｜9｜ 授業の振り返り

　「今日の授業はうまくいった」と思える授業は、数少ないものである。事前に十分準備して臨んだ授業であっても、終わった後で「あそこはもっと○○した方がよかった」など改善点に気付くのである。また、同じ指導計画で進めた授業でも、学級によって生徒の反応や全体の雰囲気が異なることや体育祭前の準備期間中で学級が落ち着かないなど、様々なことが授業に影響す

る。授業は指導計画通りにはいかないものであり、常にその場の状況に応じた柔軟な対応が求められる。

　授業後は、うまくいかなかった箇所を振り返り、改善点を明らかにする。授業で使用した板書は、全体を写真に記録し、発問や生徒の反応、様子など学習活動の展開を振り返るとよい。また、回収したワークシートやアイデアスケッチ、制作中の作品など学習成果物に目を通し、授業の進度、内容に対する生徒の理解度や取り組み状況を確認する。授業は、「実践する、振り返りで課題を明らかにする（評価）、次の授業に向けて改善し、実践する」ことの繰り返しである（「指導と評価の一体化」）。

　以下のチェック項目☑を基に、導入時から時系列で振り返りを行い、課題を整理しよう。

導　入

10 【授業の始まり】
　□生徒が教員の話を聞く準備ができてから話し始めたか。
　□前時の授業を振り返り、今日の授業の目標（めあて）を板書し、分かりやすく簡潔に伝えたか。
　□今日の授業の予定、時間配分を板書して伝えたか。
　□危険を伴う学習活動について、事前に安全指導を行ったか。
【導入の工夫】
　□図や写真、参考作品などを効果的に活用し、分かりやすい説明をしたか。
　□生徒の興味・関心を高める工夫があったか。
　□教員の一方的な説明ではなく、生徒と双方向のコミュニケーションが取れていたか。
【話し方】
20 □明るく、明瞭に話したか。
　□早口にならずに、適度な「間」をとって話したか。
　□生徒に分かる言葉で、抑揚や動作・身ぶりを交えて表情豊かに話したか。
　□生徒の表情や反応を見ながら話したか。
【発問】
　□授業のねらいに基づき、主題生成につながる発問の組み立てであったか。
　□生徒の発言に対して、受容的・共感的態度で聞いたか。
【板書】
　□板書は見やすい大きさの字で、適度な筆圧で書いたか。
　□板書は内容がまとめられ、ポイントがすぐに分かるよう色チョークや下線などを用いていた
30 　か。

展　開

【机間指導】
　□机間指導を行い、生徒の学習状況を把握し、個別指導を行ったか。
　□学習が遅れている生徒に対する指導や助言の具体的手立てを用意していたか。
　□できるだけ多くの生徒に言葉掛けをするようにしたか。
　□ワークシートは、生徒の主題生成につながる思考の道筋がつくられているか。
　□ワークシートは、図やチャートなどを効果的に用い、端的で視覚的に分かりやすい構成になって
　　いるか。

まとめ

□生徒全員が作業を止めるのを待ってから話し始めたか。

□今日の授業の目標（めあて）、内容に対するまとめや整理をしたか。

□来週の予定、持ち物を板書して伝えたか。

□学習活動と時間配分は適切だったか。時間が足りなかった場合、それはなぜか。

□生徒の学習状況に応じた授業進度であったか。

□予定していた学習活動に、おおよそ8割以上の生徒が達していたか。

引用・参考文献

1)　各都道府県教育委員会では、授業をする力について、様々な定義をしている。東京都では、「授業力」として六つの構成要素を挙げている。

2)　文部科学省『中学校学習指導要領（平成29年告示）』第1章総則第3の1

3)　文部科学省『中学校学習指導要領（平成29年告示）解説 総則編』p.82

4)　文部科学省『生徒指導提要』（2010）p.1

5)　文部科学省『学校環境衛生管理マニュアル』（2018）p.144

第2節　図画工作・美術科教育の授業づくりの工夫

「楽しい」だけで終わらない、実りのある授業のために

東京都板橋区立板橋第八小学校　三浦佳那子

集中できる環境をつくる「図工室ルール」

道具や材料に囲まれ、豊かな発想でワクワクしながら作品づくりに取り組む子供たち。図画工作は、ものづくりを楽しむことができる一方で、児童の安全を確保することや、授業のめあてからそれないように指導を行うことが難しい教科でもある。

本校では、児童が集中して学習活動に取り組めるよう全学年で一貫した「図工室ルール」を設けている。例えば、話を聞くときの姿勢や、見た人が嫌な気持ちになるものは描かないなど、制作時のルールを設定した。

全学年で統一された「図工室ルール」の掲示例▶

全学年でルールが統一されていることにより、低学年からルールを守ることが自然と身に付き、友だち同士で声を掛け合って「みんなでルールを守る」体制をつくることができた。日頃からルールを守る習慣を付けておくことで、のこぎりや彫刻刀などの危ない道具を使うときにも、安全指導を行いやすくなる。児童一人一人が「自分たちで安全をつくっている」という自覚をもち、授業のめあてに集中して取り組むことのできるよう、最低限のきまりを設定しておく必要がある。

説明は「簡潔に分かりやすく」

授業でのめあてや振り返り、制作手順を説明・板書する際には、大人目線の言葉ではなく、児童の言葉で「簡潔に分かりやすく」伝えることを意識している。今日この時間に何をするのか、次に何をすればよいのか、板書内容を精査して伝える必要がある。

また準備や片づけなどの指示を出す際には、「短い言葉で」伝えることも大切である。一度にいくつものことを伝えても、複数のことを覚えながら行動することは難しく、混乱してけがにつながることもある。順を追って一つずつ行動させ、今自分は何をすればよいのか、児童が理解し自信をもって行動できるようにする。

「楽しい」は「できた」の証拠

児童が学習において「楽しい」と感じるときは、「できた」と達成感を味わえるような、目標が達成できたときであることが多い。

全員が目標を達成できるよう指導を行うことはもちろん、児童が「できた」をより実感しやすいよう毎時間必ず一人一度以上は称賛の声掛けを行うことを心掛けている。自発的な工夫を学級で共有するだけでなく、例えば、「この色はどうやってつくったの？」「きれいな色だね」など、ささいなことでも児童と作品について話し合う。答えのない制作の中でも、児童が「これでいいんだ」「自分にもちゃんとできた」と安心感をもち、自信へつなげられるような言葉掛けを行っていきたい。

担任教師と共につくる図工の授業

東京都日野市立旭が丘小学校　横山由紀子

　図工専科は多くても週に1度2時間しか一人一人の児童と授業で関わることができない。そのため児童の全体像をつかんで指導にあたることは難しく、指導に困難が生じた場合、担任教師（以下、担任）やときには保護者からも児童の様子を聞き取り、対応を考えることが必要である。それは児童やクラスにとって何が課題か担任と共通理解を図り、指導方針を立てることである。

専科経営の上で欠かせない担任との連携

　担任それぞれに個性があるように、同じ学年でもクラスの雰囲気はそれぞれ異なる。静かに教師の話を聞くクラス、忘れ物の多いクラス、一人一人が自分らしい表現を見つけ出そうとするクラス……と様々である。大切なことは各クラスに優劣をつけて評価することではなく、担任と協力して、よりよい方向へと児童やクラスを導いていくことである。そのために担任とは日頃から気軽に授業での児童の様子を話せる関係でありたい。

　図工の授業中に児童が問題行動を起こした場合、担任であれば児童の本心を聞き取ったり、日頃の様子からその行動の背景にあるものを考えたりすることができる。これは図工専科には難しく、担任の見取りが手掛かりとなって、次の授業での指導の手立てを考えるヒントとなることが多くある。専科が数年にわたってそれぞれの児童と関わるのに対して担任は短い期間で児童と濃密に関わり、保護者とのパイプをもちながら刻一刻と変化し成長し続ける児童を見ているからだ。私はそのクラスの授業での雰囲気を変えたいとき、課題をもつ児童への対応に迷ったときなど、様々な場面で担任の意見を聞き、話し合うことが専科経営の上で重要だと考えている。

安全面や課題面においても共通理解を図る

　日頃の授業では特に安全に配慮しなければならない活動で担任に見守りをお願いすることがある。例えば低学年のカッター、中高学年の小刀・彫刻刀などの刃物を初めて使う場面が挙げられる。また、造形遊びや絵に表す活動で校外に出掛けるときなども担任に応援をお願いしている。担任業務が非常に多忙であることは承知の上で、児童が安全に活動できることを最優先に考えて年に数回計画的にお願いしている。これはけがの防止だけでなく、担任が見守ってくれている安心感と喜びを児童に与え、担任にとっては図工の授業での児童の様子を知ってもらうよい機会となっている。

　評価と所見についても触れておきたい。私はCを付ける場合、必ずその理由を所見欄に記入している。担任・保護者から問い合わせがあったとき、誰もが納得する説明がすぐにできるようにするためである。さらに今後どのように指導したらCからBになるのか対応を考えて記入し今後の指導方針としている。そうすることで、担任とその児童の課題について共通理解が図れるとともに、担任と共に改善に向けた指導の手立てを具体的に考えることができる。専科の授業は断片的な児童の姿しか見ることができない。担任の力を借りながら、児童の資質・能力を育てたいものである。

美術の授業で心掛けている五つのこと

栃木県宇都宮市立陽東中学校　稲川愛美

1　教師は教科のかがみであること

　生徒は担当教師を通して教科を見る。「美術ってよいな」と思ってもらえるよう、自分自身も美術的な生き方を具現化した存在でありたいと思う。洋服は季節に合う配色を選んだり、使用する文房具はこだわりのフォルムを追求したり、休日には美術館に足を運んだり……。自分が生活の中の美術を楽しんでいれば、「先生、それいいですね」と共感してくれる生徒は必ず現れる。

2　「何ができるようになるのか」を伝える

　現在、生徒にとって美術は「将来役立つ教科」ではなくなってしまった。だからこそ、まずは美術教師が積極的に美術のよさや有効性を発信していかなければならない。授業の導入では、「この授業を受けたらこんなことができるようになる」「この授業をやるとこんな場面で役に立つ」と生徒に具体的に伝えている。また、定期的に本屋に通い、生徒が興味をもつような最新の美術的知識をチェックしている。

3　タイムマネジメント

　教師の重要な仕事が年間のタイムマネジメントだ。年間に何点作品をつくり、1時間の授業で何をするか、最初に大まかなスケジュールを生徒に伝えることは、生徒が見通しをもって作品を制作するために重要である。それでも丁寧に制作に取り組む生徒は、締め切りに間に合わないことが多い。そのときは定期的に締め切り日を提示したり、昼休みに美術室を開放したりして、作品が完成することの満足感を生徒が味わえるようサポートする。反対に、課題を早く終えた生徒には、楽しいアイデアが生まれそうな課題を用意しておき、飽きさせないようにしたい。

4　生徒に委ねる

　課題を提示する際、教師の完成イメージや、技法の使い方というものがある。しかし、時に生徒はその完成イメージを上回る作品を生み出してくる。教師が教えること以上に、生徒はその素材や材料、画材から様々な発想を学んでいるのである。教師が手を加えない方が、その生徒ならではの表現が生まれる確率が高い。教師はあくまで環境を整えることに力を入れ、十人十色の作品が生まれることをワクワクしながら待っていたい。

5　描けない生徒を導く

　クラスに一人は、制作中に固まっている生徒が見られる。そんな生徒に話を聞いてみると、失敗を恐れて制作できなかったり、完成イメージが湧いていなかったり、事情があって集中できなかったりと、理由は様々だ。ただ、確実にいえることは、どんな生徒でも素晴らしいアイデアや個性を心の奥に秘めているということである。それを踏まえて、コミュニケーションを図っていく。その生徒は何が好きで、何が嫌いで、どうしたいのか。毎時間生徒と相談し、できることを少しずつ進めていき、生徒なりの解決策を一緒に模索する。何も描けなかった生徒が、自分自身の力で素晴らしい作品をつくり上げたとき、美術教師として一番の喜びが待っている。

第5章 ● 授業の実際

授業のめあてからそれないための環境設定

東京都青梅市立第七中学校　坂倉由香里

三つのポイントを押さえて「めあて」を示す

めあては、本時の中で生徒に身に付けさせたい資質・能力である。授業のめあてを提示する際は、誰が見ても分かるように明確に示すことが重要だ。そのために、私は下記の三つのことに気を付けてめあてを示すようにしている。

第一に、「導入で生徒と一緒に本時の学習の確認をする」ことだ。当たり前のことであるが、とても大切なことだ。なぜなら、授業の始めは最も集中して話を聞くことができる時間だからである。生徒が話を聞く姿勢をつくることができた後は、「前回の復習」「本時の学習のめあてと流れ」「留意点」の流れで説明を行う。黒板に書きながら説明すると時間がかかるため、事前に説明する箇所を黒板に書いておくとスムーズに授業を行うことができる。

第二に、「ポイント（要点）を絞って書く」ことを心掛けている。めあてが長くなると、「何を学習しているか」を理解することが難しくなる。明確に示すためには、黒板に1〜2行でめあてを書くことができるとよい。さらに、重要な言葉に色を付けるなどして目立たせるとめあてがそれにくくなる。

授業の前に「本時の学習」を黒板に書いておく

第三に、「生徒の立場で示す」ことを心掛けている。生徒たちは、限られた時間の中で授業に取り組んでいる。授業を通して、力を身に付けていく生徒たちが「理解できないめあて」は学びの成長を妨げる。そのため、生徒の実態に即して考え、「この意味は分かりにくくないか」「この表現は適切か」など多様な視点から検討し、より分かりやすい表現ができるように努めている。「どの言葉が分かりやすいか」という感覚は、自己研鑽や教材研究、生徒たちとの授業を通して磨かれていくと感じる。

以上の三つのことを意識して授業を行うとめあてを明確にすることができ、めあてがそれにくくなる。

生徒が見通しをもって取り組める工夫を

具体的な評価規準がないとめあては曖昧な表現になり、生徒の学習意欲の低下につながる。その結果、制作の進行が遅くなり、年度当初に予定していた単元の時数内に収まりづらくなる。そのようにならないために余裕をもって学習指導案を作成し、全体の見通しをもっためあてを作成する。加えて、生徒に毎時間のめあてを書いた資料を配布すると「あと何回で仕上げに入る」など生徒の中で全体を見通した目標ができ、完成に向けて制作する姿勢を高めることができる。事前に見通しを立て実行することも大切だが、どのようなことが起きても対応できるように学び続けることを忘れず、多様な選択肢から最善の方法を見付け、分かる授業を目指すことが大切だ。

制作が進まない生徒への支援 ～信頼関係を構築する声掛け～

神奈川県大和市立南林間中学校　東原加奈

週1時間の授業の中で制作が思うように進まない生徒、手が止まってしまう生徒がクラスに数人はいるだろう。なぜ手が止まってしまうのか。本人にそれぞれ確認すると、
・「何をするべきか分からないから」
・「アイデアが決まらないから」（構想段階）
・「（この技法が）できないから」（制作中）
という理由が多い。そのような場面でどのように声掛けをすればよいのか。実際に行った例を挙げていく。

何をするべきか分からない場合

「何をするべきか分からない」という生徒については、説明を聞いていなかったため分からないのか、説明を聞いた上で分からなかったのかで大きく違う。説明を聞いていなかった生徒については、再度同じ説明をすればよいのだが、説明を聞いた上で分からなかった生徒の手立てとしては、適宜次の制作の指示を本人に直接伝える、一緒に制作をする、などが挙げられる。例えば本人の不安感が強く一回一回手順を聞かないとできない、という生徒もいる。その場合は、本人がその手順の制作を終えようとしているタイミングで次の指示を出すとよい。そうすることで制作の手が止まることなく本人が「自分でできた」と感じることができる。

アイデアが決まらない場合

「アイデアが決まらない」という生徒については、アイデアが全く出ないのか、アイデアはたくさん出るが、それがうまくまとまらないのかによって支援の仕方が変わってくる。例を挙げて説明すると、「自分の好きなもの」というテーマで作品を制作する授業では、アイデアマッピングというものを行っている。真ん中に「好きなもの」と記入し、そこから枝分かれするよう発想を広げさせていく。それでもアイデアが全く出ない場合の手立てとして、資料を提示する、教員や周りの生徒と会話をする。そこから「この資料の動物が好きだから描きたい」「部活が楽しいから部活をテーマにしたい」とアイデアが少しずつ出てくる。また、たくさん枝分かれして記入できたが、そこからアイデアがまとまらないという生徒についてはその中から順位づけをさせ、二つから三つにアイデアを絞らせる。一方、一人でじっくり考えたいという生徒もいるので、机間指導をしながら様子を見ていくとよい。

技法ができない場合

「（この技法が）できない」という生徒については、実際に目の前で制作を演示すること、また、ある程度制作に余裕をもって進める生徒にどのように制作したのかを説明させることなどを行っている。教員と生徒との関わりだけでなく、友だちとの会話によって解決することもあるためである。

このようにして制作中の声掛けを行っているが生徒の数だけでなく、その状況に応じて支援・指導の仕方も変わってくるので、教員もそれに応じた方法を考えていく必要がある。また、できたところを「具体的に褒める」ことで、生徒の承認感も高まっていく。

生徒の「表現したい」を手助けしたい

神奈川県伊勢原市立中沢中学校　鳥谷紗規

　私は、今の生徒に必要な美術の授業とは「自分でやりたいこと・表現したいことを見付けて試行錯誤すること」だと思っている。ここではそのような授業にするために、私が意識していることを紹介したい。

　生徒が自分のやりたいことを決めて制作するには、最初に発想が必要だ。私は、発想とは生徒がもつ経験の引き出しを開くことで生まれてくるものだと思っている。実際のものを見る、触る、嗅ぐ、聞く、心を動かす。それらの経験の積み重ねが生徒の引き出しとなる。その引き出しを開けるには制作を楽しいと思うこと、表現したいと思う意欲が大切になる。そのために授業者ができることは、生徒の経験に寄り添い、発想を引き出す言葉掛けや楽しいと思える題材を示すことだ。

生徒にとって身近な題材を

　何もないところから発想するのはとても難しい。特に美術が苦手と感じている生徒にとっては苦痛の時間となってしまう。そこでこのような授業を行ってみた。

　3年生の「思い出の場所をつくる」という題材だ。学校の思い出の場所を、様々な素材や今まで学習してきた技能を使って制作するという授業なので、同じ場所を選ぶ生徒も多い。そのとき、「なぜこの場所なのか」を問い掛ける。すると、同じ昇降口であってもある生徒は、「友だちと登校した昇降口はワクワクした気持ちでいたので、朝の爽やかな感じの作品にしたい」と語り、別の生徒は「友だちと帰りにけんかになってしまった。昇降口に夕日が差していたので、少し重いオレン

ジがかった作品にしたい」と全く雰囲気の異なる風景を思い浮かべていたことが分かった。生徒がどのような作品にしたいかを明確にすることで、使う素材を工夫し、より思いが伝わるような構図になり、一人一人違う作品となった。つまり「思い出の場所」という身近なテーマの中で自分の内面を表現するために様々な試行錯誤が見られるようになったのだ。

中学3年生の題材「思い出の場所をつくる」

授業で意識していること：

・生徒が今まで経験してきたことが使える身近な題材。
・試行錯誤するために技能面に幅がある題材。
・生徒が思いを表出できるような言葉掛け。

　美術教師になって十数年経つが、どのようにしたら生徒の成長に資する授業になるのか今も悩む。ただ常に自分のしていることに疑問をもって授業を改善していくことが大切だとも思っている。一ついえるのは授業者も生徒も楽しくなければよい授業にはならない。生徒が授業開始前から制作に取り組み、積極的にアドバイスを求めてくる姿があるとき、美術教師になってよかったと心から思う。

「自分で考え、自分だけの答えを見付ける力」を育む

東京都大田区立矢口中学校　木戸綾乃

美術科はどうあるべきか

　昨今の教育における様々な課題の中でも、現場に立ち特に強く実感したものは生徒たちの学力格差である。生徒たちは中学校に入学し、それぞれが精一杯頑張ろうと勉学に励むが、小テストや定期考査、通知表といった数値での評価を受ける中で少しずつ同年代内での格差を実感し、向上心を失う生徒も少なくない。しかし、そのような状況においても実技教科は学力の格差だけに左右されない教科なのではないかと考える。実際、美術や音楽、体育、技術家庭といった教科に対して、「勉強は苦手だけど、この教科は得意だから楽しい。頑張れる」という生徒の声はかなり多い。

　このように実技教科は「得意だから」「好きだから」という理由だけで、生徒が学校生活を通じて自信を付けるきっかけになる教科であると考えることができる。だが一方で、実技教科に苦手意識をもっている生徒も存在する。そのような状況で美術科は、技術面に傾倒しない「試行錯誤の過程」や「感じ方の広がりや深まり」を重視し、評価することのできる教科でなくてはならないと考えている。

内面を磨く面白さを伝える

　美術科という教科の面白さは、自分としての意味や価値を見出したり、世界中の多様な感じ方や考え方に触れたりして、自己の内面を磨き上げていく部分にある。私は教壇に立つ中で、生徒一人一人が美術教育を通じて自己の内面を磨く面白さに気付けるようにすべき工夫は大きく分けて二つあると考えた。

　第一に、題材の初めから終わりまでを1時間の授業ごとにどのように進行するかスケジュール帳のように記載されたカードの配布である。私はこのカードを厚紙に印刷することで重要なワークシートであることを表している。カードには題材の大きな目標と、授業ごとの目標を記入できるようにしているため、美術が苦手な生徒も自分の具体的な課題を把握することができる。また、制作の計画をし、手立てを考える部分を記入させることで、筋道を立てて試行錯誤しているかどうかを教師が個別にしっかりと指導し、また評価することができる。

　第二に、作品発表の場をつくることである。題材の完成ごとに自身の作品について1分間で紹介するという課題を与えると、生徒は発表に向けて制作時間を大切にするようになる。また、発表前に配布するワークシートには作品について解説できるようになる質問事項を記載し、それに記入して発表原稿とすることで多くの生徒は発表ができるようになった。発表を通じて自己の作品を振り返り、友人の作品を見て様々な表現に触れることで、一層自己の内面を磨き上げていくことができるのではないだろうか 。

作品の制作時と発表時に
使用するワークシート例▶

　上記の工夫以外にも、教師のやるべきことは数えきれないほど多くあるが、多忙な中でも目の前にいる生徒一人一人の創作の過程全てが、心豊かな毎日を創造していく一助になっていることを忘れてはならない。

困り感を抱えている生徒への支援

東京都八王子市立南大沢中学校　中村祐瑚

私は現在、特別支援教室に勤務している。特別支援教室には対人関係がうまく築けない生徒や特定の分野の勉学が極端に苦手な生徒、集団での生活が苦手な生徒等が、週1〜8時間通ってくる。このような生徒たちと関わる中で私は常に意識していることが二つある。

見逃さない

第一に生徒の変化を見逃さないことである。困り感を抱えている生徒の多くは、自分が困っていることをうまく伝えることが苦手だったり、気付くことができていなかったりする場合がある。そのため、常日頃から生徒をよく観察し、小さな変化も見逃さないように心掛けている。

例えば、いつもよりよくしゃべっている、食欲がない、感情の起伏が大きい、無気力な様子が見られるなどである。これらは普段の生徒の様子を知っていて、生徒が自然体でいることのできる環境が整っていなくては分からないものである。

そのため、生徒の登下校時や廊下ですれ違った際に話し掛け、楽しく雑談をする回数を重ね、生徒が自然体で関わることができるように意識している。また、落ち着いて過ごせる環境が確保できるように授業中は全体の様子をよく観察し、うつむいている生徒の原因を解消したり、視覚的な刺激になる掲示物などは極力避けたりといった工夫をしている。

そして変化を見付けた際は、その変化が困り感からきているものなのか違うのかを見極め、どのように支援していくかを他の教員・保護者と考え実践している。

できるようになったことなど、成長面での変化を見逃さないことも重要である。困り感をもっている生徒の多くは注意される経験や他者よりもできなかった経験が多く、自分に自信がないことが多い。

そのため、成長していることや本人のよさを常に伝え、何かに挑戦できる勇気や転んでも立ち上がれる強さを身に付けられるように意識している。

決めつけない

第二に生徒の性質やその原因を決めつけないことである。心理検査の結果や診断等を見ると、つい生徒のことを分かった気になりがちである。しかし、その日の体調や気分で心理検査の結果は変わってしまうし、生徒の成長過程や内面を全て把握することは不可能である。

そのため、常に目の前にいる生徒の状態から、どのように過去から今につながっているのかを考え様々な原因を模索することが大切である。それこそが生徒理解であり、困っている生徒を助ける手立てを見付けるヒントになる。

教員にとって「生徒のことを理解したい、何かできることはないか」と考え続ける気持ちが大切である。そのためには様々な知識が基盤にある。発達障害への理解や子供がどのように成長していくかを学ぶこともその一つだろう。私は今後も学び続け、常に生徒の困り感に寄り添える教員になるための努力を惜しまない。

試行錯誤し「自分の作品」をつくる楽しさを伝えたい

神奈川県立横浜清陵高等学校　幾田智恵

安心して受けられる授業を

「子供の頃、絵が苦手な自分にとって美術の時間は恐怖だった」

他教科の先生と話していたときに聞いた言葉だ。絵を描くことが好きでたまらないという人もいれば、「面倒だ」と感じている人も当然いる。さらにその一方で「怖い」と感じている人がいるということを忘れてはならないと思う。私は美術の楽しさを伝えるために、まずは誰もが安心して受けられる授業にすることを心掛けている。手順が分からなくて慌てないように、丁寧に説明する。もしうまくいかなくても、どうしたらよくなるか一緒に工夫を考える。そして何よりも、教師自身が美術を楽しむこと。絵を描くことやものをつくることが苦手だという生徒でも、美術の時間は思い詰めずに「木を彫る感覚が気持ちいい」「隣の子の絵がすてきだ」そんなことを感じながら、伸び伸びと制作してほしい。

生徒の「こうしたい」を手助けする

美術の授業の楽しみとは何か。私は自分だけの作品をつくれることや、時間をかけてつくり終えた達成感だと考える。そこで、私が授業を行う上で気を付けていることは「生徒がつくりたいと思っているものをつくってもらう」ことである。例えば空を描きたいという生徒に「雲はこの大きさで描きなさい」「背景はこの色の方がいい」などと教師が全て指定してしまうと、それは教師の作品になってしまう。つくっているのは生徒の作品であり、あくまで教師の助言は、生徒が「こうしたい」と頭の中に思い描いているものに

近づける手助けだと考える。生徒にはまず色のつくり方だけを伝え、様々な色の組み合わせを試し描きさせてみる。あとは生徒が自分なりに考えて、どう描くかを選択する。試行錯誤し、時間をかけて自分だけの作品をつくることの楽しさを味わってもらいたい。

中には「自分の作品にはオリジナリティがない」と悩む生徒もいる。それに関して悩む必要はない。同じものを見ていても、感じ方や見え方は人それぞれであり、そこにオリジナリティがある。例えば、クラス全員が同じリンゴを同じ鉛筆で描いたとする。細かい部分までこだわる人や、画用紙からはみ出るほど大胆に描く人もいる。そういった違いを「自分らしい」と前向きに捉えることができたら、美術がさらに楽しく感じるだろう。

日常の中にある美術

高校生になると自分の将来について考える機会が増え、社会との関わりが密接になる。

社会の中で美術はどんな役割を果たしているのか。社会と何の関係があるのか。実際、仕事や生活の中で直接美術と関わる機会のある人は多くない。それでも伝えたいことは、美術館で見られるような絵画だけが美術ではないということ。新しい筆箱、今履いている靴、手のしわ……身近なものの中に、癒やしを感じたり、ときには疑問をもったりするかもしれない。そういったささいなことでも何か気付くことができれば、心ひかれるものが増えていくだろう。授業の中だけでなく、日常の中に美術的な見方が加わり、生活が少しでも心豊かに感じられればいいと思う。

美術科でのICT活用〜卒業制作作品のプレゼンテーション〜

神奈川県立麻生高等学校　角ほのか

作品の背景や過程、思いをどう伝えるか

　高校3年生の美術では、生徒自らが作品の媒体・材料などを自由に決定し作品を制作する卒業制作課題を行っている。評価の際に注目するものは作品だけではない。課題の最後には、ICT機器を活用し生徒自らがプレゼンテーションする形での講評会も行う。

　制作を始める際に、タブレットやスマートフォンでスライドを制作できるアプリを紹介し、スライドの作成方法を指導する。スライドの内容は「作品を制作するにあたっての背景」「アイデアスケッチ」「本制作過程」「作品制作を通して感じたこと」を必ず取り上げることを条件として、生徒自身がもつ世界観や、作品を通して表現したいことを説明できるプレゼンづくりをするように指示をした。生徒はそれぞれ、作品を制作する傍らで自身の作品について考え、プレゼンテーション発表に向けたスライドを作成してくる。

題材名「自由制作」のデザイン案

制作意欲を高める工夫

　生徒に合ったやり方を選び、能力を伸ばす工夫も大切である。スマートフォンやタブレットでは、自身の作品の写真など撮影した

ものをすぐにスライドに反映することができ、パソコンより手軽にスライドを作成できる。とりわけ、日常的に扱っているスマートフォンを用いてスライドを制作できることが分かれば、生徒のプレゼンテーションに対するハードルが下がり、結果的に取り組みに対する意欲を高めることができる。

　さらに、スライドの作成方法を指導する際には、作品の制作過程を細かく撮影しておくように指示する。それは制作過程を撮影することで生徒にとって自身の進捗度合いが明確に可視化され、「今日はここまで進めることができた」「今日はあまり進まなかったから次はしっかり進めたい」などの自己の反省、制作に対する意欲につながるためである。また、他の生徒が作成したプレゼンテーションを視聴することで、今までにない考え方や、技法などを知ることができる。

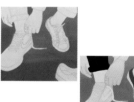

作品の制作過程を細かく撮影・記録し
スライドを作成する

　自由選択制での少人数授業だからこそICT機器を活用して、自身の作品や他の生徒一人一人の作品についてじっくりと見つめ合う機会を設けることで、生徒の主体的で深い学びを促すことができると私は考える。

美術科の評価

| 1 |　学習評価の意義と課題

　学習評価は、学校における教育活動に関し、児童生徒の学習状況や習得の程度を評価するものである[1]。目標に対する実現状況や成果を検証し、適切に評価することは、生徒一人一人の課題を明確にするだけでなく、学習改善や目標達成を目指した学習活動の可能性を高めることにつながる。また、教員にとって学習評価は、評価の結果から指導方法の見直しや改善につながり、教育の質を向上させる機能がある。生徒の学習意欲を高め、資質や能力を伸ばす学習評価とするために、指導による生徒の学びの状況を評価し、その結果を次の指導に生かして実践する「指導と評価の一体化」を図ることが重要である。

　学校教育における評価の現状について、次のような課題が指摘されている[2]。

・学期末や学年末などの事後での評価に終始してしまうことが多く、評価の結果が児童生徒の具体的な学習改善につながっていない。

・教師によって評価の方針が異なり、学習改善につなげにくい。

・教師が評価のための「記録」に労力を割かれて、指導に注力できない。

　特に、「教師によって評価の方針が異なる」ことについては、保護者の意見として「先生によって観点の重みが違うので、どう努力していけばよいのか本当に分かりにくい」との報告もある[2]。このような学習評価の課題は、個々の教員による改善だけでなく、学校全体で評価の役割の重要性を共有し、組織的な改善を図る取り組みを進める必要がある。学校は、保護者・地域との信頼関係を構築するために、学校運営や教育活動に関する情報を保護者や地域住民に積極的に公開し、理解を得ることが求められている。教育活動に対する学習状況をどのように評価するのか、生徒・保護者に学習評価の方針や仕組みを事前に説明することが大切である。

| 2 |　美術科における評価の課題

　美術科における学習評価について、「教員によって評価が異なる」「教員の好みで成績が決まる」といった不満を聞くことがある。評価の規準や方法が曖昧であると、教員や美術科に対する信頼を失うだけでなく、生徒の学習意欲を減退させ、「美術嫌い」の生徒をつくる一因にもなる。

　妥当性、信頼性のある学習評価を実現するには、題材の指導計画及び評価計画を立て、授業の始めに学習の計画（題材の目標や内容、進め方）や評価の方針（評価規準、評価方法）について、生徒に明確に説明することが必要である。さらに、授業における生徒の様子や学習成果物から、評価規準に基づいた評価の記録を積み重ね、多角的に評価する。

　学校現場では、保護者から「子供は努力しているのに、なぜ『主体的に学習に取り組む態度』がC評価なのか」と問い合わせがくることもある。生徒の学びの態度を評価する場合、評価の具体的な記録がなければ保護者が納得する説明はできない。評価に注視するあまり、指導がおろそかになってはいけないが、生徒の発言や様子、個別指導での生徒とのやり取りなど授業で見取ったことを日常的に記録し、学習評価の基礎資料とする。また、生徒一人一人の成長の記録と

して個人内評価に生かすことで、個に応じた指導の充実を図る。

　美術科の特性は、形や色彩による創造的な造形表現活動であり、数の操作や論理的思考によって正解や客観的な真理を導き出すことを目指す教科ではない。これは美術科のよさでもあるが、正解・不正解による明解な点数化の困難さを併せもつことはいうまでもない。学習評価の方針や方法について、生徒だけでなく保護者にも保護者会、教科通信などで説明し、美術科教育に対する理解と信頼を得ることが大切である。

｜3｜　評価の実際

　実際の評価では、授業の始めに、題材の目標、授業のめあてを明確に示し、「題材の目標がどれだけ達成できたのかを評価する」ことを説明し、評価の方針を事前に生徒と共有する[3]。また、完成作品で評価する（「総括的評価」）だけでなく、主体的に学習に取り組む態度やアイデアスケッチ、学習カード、ポートフォリオ、鑑賞カードなども評価の対象であることを伝える。学習カードは、毎時間の振り返りや生徒の自己評価を取り入れることで、メタ認知を高める効果が期待できるだけでなく、生徒の学習状況の把握に有効である。また、学習カードやポートフォリオの評価を毎回の授業でフィードバックすることにより、主体性の育成や多様性の把握、個を生かした指導が期待できる（「形成的評価」）。このように、題材全体を通して、形成的評価と総括的評価をバランスよく組み合わせ、多様な方法を用いることで、評価の質を高めることができる。

　『中学校学習指導要領（平成29年告示）』では、評価の実施にあたっての配慮事項を次のように示している[4]。

（1）生徒のよい点や進歩の状況などを積極的に評価し、学習したことの意義や価値を実感できるようにすること。また、各教科等の目標の実現に向けた学習状況を把握する観点から、単元や題材など内容や時間のまとまりを見通しながら評価の場面や方法を工夫して、学習の過程や成果を評価し、指導の改善や学習意欲の向上を図り、資質・能力の育成に生かすようにすること。

（2）創意工夫の中で学習評価の妥当性や信頼性が高められるよう、組織的かつ計画的な取組を推進するとともに、学年や学校段階を越えて生徒の学習の成果が円滑に接続されるように工夫すること。

▎目標に準拠した評価

　学習評価は、「目標に準拠した評価」による「観点別学習状況の評価」を行い、評価結果を総括して評定する。「目標に準拠した評価」とは、学習指導要領に示す教科の目標に対して、生徒一人一人の学習状況や実現状況を的確に把握し、評価する「絶対評価」である。「目標に準拠した評価」（絶対評価）は、生徒が学習指導要領に示す内容をどの程度習得したかによって評価するので、学習集団のレベルによる影響はなく、個に応じた指導につながるものである。

　これに対して、「相対評価」とは、成績の段階（A・B・C、1・2・3）とその枠内の人数割合を決めて、学年、学級などの集団における他者との比較によって、個人がどこに位置するのかを決める評価方法である。

観点別評価

　目標に対する生徒の学習状況や実現状況を教科で身に付ける資質や能力に対応した学習評価の観点によって、分析的に捉える評価方法である。学習指導要領の教科の目標、内容を基に設定した題材の目標をどの程度実現することができたか、観点別に評価する。評価の観点「知識・技能」「思考・判断・表現」「主体的に学習に取り組む態度」に対する美術科の評価は、次に示す通りである（国立教育政策研究所『「指導と評価の一体化」のための学習評価に関する参考資料』より抜粋して構成）[5]。

◆ 「知識・技能」

知識

　表現及び鑑賞の活動を通して、「造形的な視点を豊かにするための知識」として、形や色彩、材料、光などの性質や、それらが感情にもたらす効果を理解することや、造形的な特徴などを基に、全体のイメージや作風などで捉えることを理解することについて評価するものである。

技能

　造形的な見方・考え方を働かせて、発想や構想したことなどを基に表すために、材料、用具などの表現方法を身に付け、感性や造形感覚、美的感覚などを働かせて、表現方法を工夫し創造的に表すなどの技能に関する資質・能力を評価するものである。制作途中の作品を中心に、完成作品からも再度評価し、生徒の創造的に表す技能の高まりを読み取ることが大切である。

◆ 「思考・判断・表現」

発想や構想

　造形的な見方・考え方を働かせて、自己の内面などを見つめて、感じ取ったことや考えたことなどを基に主題を生み出し、それらを基に創造的な構成を工夫したり、目的や条件などを基に主題を生み出し、分かりやすさや使いやすさと美しさなどとの調和を考え、構想を練ったりする発想や構想に関する資質・能力を評価するものである。

鑑賞

　造形的な見方・考え方を働かせて、自然や生活の中の造形、美術作品や文化遺産などから、よさや美しさを感じ取り、作者の心情や表現の意図と工夫、生活や社会の中の美術の働きや美術文化について考えるなどして見方や感じ方を広げたり深めたりする鑑賞に関する資質・能力を評価するものである。

◆ 「主体的に学習に取り組む態度」

　単に継続的な行動や積極的な発言を行うなど、性格や行動面の傾向を評価するということではなく、各教科等の「主体的に学習に取り組む態度」に係る観点の趣旨に照らして、知識及び技能を習得したり、思考力、判断力、表現力等を身に付けたりするために、自らの学習状況を把握し、学習の進め方について試行錯誤するなど自らの学習を調整しながら、学ぼうとしているかどうかという意思的な側面を評価する。

　目標（3）「学びに向かう力、人間性等」には、①「主体的に学習に取り組む態度」として観点別学習状況の評価を通じて見取ることができる部分と、②観点別学習状況の評価や評定にはなじまないことから「個人内評価」を通じて見取る部分（感性、思いやりなどの人間性）があるこ

とに留意する[6]（図1）。「主体的に学習に取り組む態度」では、次の二つの側面を一体的に評価する[7]。

　①知識及び技能を獲得したり、思考力、判断力、表現力等を身に付けたりすることに向けた<u>粘り強い取り組みを行おうとしている側面</u>

　② ①の粘り強い取り組みを行う中で、<u>自らの学習を調整しようとする側面</u>

　評価計画を立てる際、1時間の授業内で3観点すべてを評価しようとすると、評価に追われて授業の進行や個別指導の時間確保が難しくなる。1時間の授業では、1、2観点の設定が適当である。

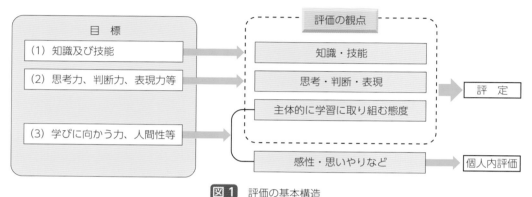

図1 評価の基本構造

＊『「指導と評価の一体化」のための学習評価に関する参考資料』を基に筆者が作成[8]

評価規準と評価基準

　評価規準は、題材の目標が実現された生徒の状況（「目指す姿」）を質的に捉えて示したもので、評価のよりどころである。教科の目標に照らして、その実現状況を評価の観点ごとに設けた評価規準に沿って、「十分満足できる」状況と判断されるものをA、「おおむね満足できる」状況と判断されるものをB、「努力を要する」状況と判断されるものをCのように区別して評価する。評価規準は、生徒の学習状況に対して、「おおむね満足できる（B段階）」状況で設定されている。「おおむね満足できる（B段階）」に対して、いくつかの要素でそれ以上に（例：より多様な視点で・より独創的に・より深く・より多くなど）優れている場合は、「十分満足できる状況（A段階）」、達していない場合は、「努力を要する状況（C段階）」となる。A段階と判断するための"プラスα"の部分は、明確に言語化しておく必要がある。

　一方、「評価基準」とは、目標に対してどの程度達成できているか、評価の目安を量的に捉え、数値で示すものである。例として、思考・判断・表現（鑑賞）の評価規準「造形的なよさ、美しさを感じ取り、作者の表現の意図や工夫について考え、見方や感じ方を広げている」を設定し、鑑賞カードの記述から評価する場合が考えられる。生徒がどの程度、意図や工夫について考え、見方や感じ方を広げているのかを評価するには、質的な内容の深まりに加えて、量的に捉えることも必要になる。そこで、おおむね満足できるB基準は、「作品を鑑賞して、工夫やよいと感じたことを二つ程度記述している」とし、これに対してA基準は、「作品を鑑賞して、工夫やよいと感じたことを四つ以上記述している」、C基準は、「作品を鑑賞して、工夫やよいと感じたことの記述がない」とするなど、量的な目安を設定するのである。この量的判断の数値の目安を示したものが「評価基準」である。なお、これは、評価にあたって安易に達成段階に対する量

的基準を設け、数量的な判断・処理だけで評価すればよいことを意味するのではないので留意する。

引用・参考文献
1) 国立教育政策研究所『「指導と評価の一体化」のための学習評価に関する参考資料』(2020)
2) 中央教育審議会 初等中等教育分科会 教育課程部会「児童生徒の学習評価の在り方について(報告)」(2019) p.4
3) 前掲書 1) p.12
4) 文部科学省『中学校学習指導要領(平成 29 年告示)』第 1 章総則第 3 の 2
5) 前掲書 1) pp.46-48
6) 同上 pp.9-10
7) 同上 pp.9-10
8) 同上 pp.8

第5章 ● 授業の実際

発達につまずきがある生徒に対する
「得意を生かす学び」と「不得手を補う関わり」

東京都立矢口特別支援学校　川上康則

中学校・高校における特別支援教育

　2007（平成19）年の学校教育法の一部改正により、特別支援教育が法律に位置付けられてスタートした。しかし、時を経た今もその理解は十分とはいえない。

　例えば、中学校では「学校生活を問題なく過ごす」ことにかなり重きを置く傾向がある。教師の指示を聞くことができ、集団生活に参加できていれば、特に問題なしと見なされてしまうことが多い。また、「特別支援教育は、特別支援学級などの特別な場で行われるものであって、通常の学級での指導では特に必要ない」などという間違った解釈が学校現場でいまだに語られることすらある。

　こうした背景の影響もあり、本来は「学習への意欲の乏しさ」や「対人関係上のトラブル」への配慮が必要であったケースに対して、特別支援教育の対象という視点で捉え直すことができていない現状が残っている。そうした学校ほど、生徒に態度を改めさせる、反省を促すといった「行動を正す・直す・変える」ことを目指す指導が行われている。残念なことだが、そうした教師の無理解や誤解は、発達につまずきがある生徒たちの様々な二次的症状（例えば、いじめや不登校、生徒の非行化、学校不信などが含まれる）を引き起こすきっかけとなっている。

　2020年代に入り、時代は、インクルーシブ教育システムの構築を通して共生社会の実現を目指す方向へと動き始めている。特別支援教育も、一つ一つの障害を詳しく理解する段階から、障害の有無にとらわれることなく、生徒の背景にある要因を分析して指導に生かす段階へと移行しつつある。学習指導要領やその解説においても、発達障害を含む障害のある生徒が在籍している可能性があることを前提にした授業を展開することや、手立てを用意しておくことについて言及されている。特別支援教育を「特別枠」と考えるのではなく、日頃の生徒理解や授業改善などに生かそうとする動きがすでに始まっている。

美術の授業で見られやすいつまずきとケースごとの配慮

　表1は、美術の授業で見られやすいつまずきを例示したものである。これを踏まえて、ケースごとに配慮を整理していきたい。

【ケース1】衝動性が強い

　美術は技能教科の一つに数えられる。衝動性が強く、注意事項を聞き逃してしまう生徒の場

146

表1 発達障害の定義と美術の授業で見られるつまずきの例

	定義	美術の授業で見られるつまずきの例
ADHD 注意欠如・多動症	年齢あるいは発達に不釣り合いな注意力、または衝動性、多動性を特徴とする行動の障害で、社会的な活動や学習の機能に支障をきたす。	・待てない、早くやりたい ・行動のブレーキが利かない ・道具の扱いや作業が雑になりやすい ・周囲を散らかしてしまう ・静かに取り組むことが苦手 ★発想などの豊かさが作品づくりに生かされることがある
DCD 発達性協調運動症	筋肉や神経、視覚・聴覚などに異常がないにもかかわらず、「ボールを蹴る」「靴ひもを結ぶ」などの日常生活における協調運動に困難を呈する。	・全般的に道具の操作が不器用 ・他者との距離感がつかみにくい ・ボディイメージが乏しいため、人物画などに幼稚さや稚拙さが出やすい
ASD 自閉スペクトラム症	社会的なコミュニケーションや他者とのやりとりがうまくできない、興味や活動が偏るといった特徴がある。「アスペルガー症候群」という従来の診断もここに含まれる。	・こだわりが強く、自分のやり方に固執する ・触覚過敏が強く、絵の具や接着剤が身体につくことを嫌がる ・作品を評価し合う場面で相手の気持ちを考えない発言でトラブルが起きやすい ★こだわりが一つのことにのめり込む力になることもある
LD／SLD 学習障害 ／限局性学習症	基本的に全般的な知的発達に遅れはないが、聞く、話す、読む、書く、計算するまたは推論する能力のうち、いずれかまたは全ての習得と使用に著しい困難を示す。	・文字が整わないため、ノートを取ることに強い抵抗感を示す ・流暢(りゅうちょう)に読むことが難しく、音読を嫌がる ★芸術的なセンスが高いことがある (写真家や映像作家、画家の中にLDの要素を強くもつケースがある)
境界域知能	知能指数が70〜85程度の場合をいう(標準とされる知能指数は100であり、70以下で生活上の支援度が高い場合は「知的障害」とされる)。	・知的好奇心が弱い ・全般的に理解がゆっくり ・指示通りにはできるが、考えて行動するのは苦手 ・困っていることがなかなか伝えられない

合、題材や道具が目の前に並ぶと「早くやりたい」という気持ちが強くなってしまい、行動の抑制が利かなくなることがある。道具の扱いや作業が雑になりやすかったり、周囲を散らかしていることに気付けなかったりする生徒もいる。指示を簡潔にして分かりやすくする配慮や、待ち時間を短くする授業の工夫が必要となる。

【ケース2】私語を止められない

　静かに取り組むことが苦手で、おしゃべりを止められないという生徒がいる場合は、静かにできている生徒の方に注目して「ありがとう」と伝えるようにする。多弁な生徒の方を注意したり叱ったりしているうちに、集中して取り組んでいる周囲の生徒たちの気持ちもくすぶらせてしまい、不満を大きくしてしまうことがあるためである。

【ケース3】道具の操作が不器用

　操作面で不器用なところがある場合は、適切な用具の扱い方ができなかったり、雑な振る舞いをしたりすることがある。机上のパーソナルスペースを理解できず、他者にぶつかってしまい、トラブルになってしまうということもある。お互いの肘が当たらないような机の配置を行う、動

線を明確にするなどの教室空間の有効活用を考えるとよい。

【ケース4】こだわりが強く、自分のやり方に固執する

こだわりが強く、自分のやり方やペースを崩されることが苦手なところがある場合、切り替えや時間内にやり終えることの難しさが出やすい。こだわりを一つの長所と捉え、のめり込める部分を共感的に受け止めるようにすると信頼関係を築くことができる。自分のペースを乱されることを嫌がる背景に「触覚過敏」という特性があることも知っておくべき知識の一つである。触覚過敏が強い場合、絵の具や接着剤の「ベトベト」「ヌルヌル」といった触感を極端に嫌がることがあるので留意しておきたい。

【ケース5】発言がトラブルを招きやすい

生徒同士で作品を評価し合う場面で、相手の気持ちを考えずに思ったことをそのまま表現してしまうためにトラブルになる場合がある。本人は「思った通りのことを率直に言って何か問題があるのか」と思っていることも少なくない。この場合は、品評コメントを事前に例示するなどの配慮が有効になる。

【ケース6】ノートを取ることや音読などを嫌がる

読字や書字のつまずきがある生徒は、文字を書く場面や音読などに苦手意識が出ることがある。しかし、少ない文字数であれば集中して書けるという生徒や、書道の行書のように速く書ける崩した文字であれば自分本来の持ち味を発揮できるという生徒も少なからずいる。美術の評価に大きく影響しないようであれば、代筆や代読も可能とすることなどが配慮の一つとなる。また、書くことや読むことに自信をもってもらえるような働き掛け（褒める・認める・励ます）も大切である。

【ケース7】理解に時間がかかる

説明や指示の理解がゆっくりという特性がある生徒もいる。一つ一つの指示を明確に区切って伝えたり、イラストや写真などの視覚的な情報を用いて分かりやすく示したりするとよい。また、困っていることを自覚できていなかったり、人に伝えられなかったりすることも多いので、本人の理解度を確認するために、指示内容を復唱させてみるのも一つの方法である。

「生徒のどの部分に光を当てるか」を考える

人には必ず、長所と短所がある。中高生の場合、思春期特有の「自分探し」の段階であるがゆえに、生徒自身も短所に目が向きやすくなり、自尊感情の低下に苦しむケースが多々見られる。場合によっては、他者からは長所と見える部分にコンプレックスを感じているケースもある。

学校において考えられるつまずきへのアプローチは、ここまで述べてきたように「得意を生かす学び」と「不得手を補う関わり」の両面が必要である。しかし、最も大切なことは、「特別支援教育は、その子特有の強みを見出せる大人がその場にいるかどうかで効果が大きく変わる」ということである。「どう対応すればよいか」という方法論よりも、「教師として一人一人の生徒とどう向き合うか」という「在り方」の問題の方が重要であることを理解しておきたい。

第6章　美術科教育の課題と展望

美術に対する新たな意識の形成

| 1 |　美術科有用感の低さの問題

　「中学校で約 6 割の生徒は、『美術を学んでも、ふだんの生活や社会に出て役立たない』と思っている」。これは、「学習指導要領実施状況調査（質問紙調査）[1]」（2012-2015）の結果が示す図画工作・美術科に対する児童生徒の意識である（表 1）。同調査の設問（1）「図画工作（美術）の学習が好きだ」について、「そう思う」「どちらかといえばそう思う」を合わせた回答は、小学校 80.3％、中学校 70.9％、高等学校 75.1％であり、児童生徒の多くは美術が好きで、美術の創造活動に楽しさや喜びを感じていると推察できる。

　一方で、設問（2）「図画工作（美術）の学習をすれば、ふだんの生活や社会に出て役立つ」について、「そう思う」「どちらかといえばそう思う」と回答したのは、小学校 60.0％、中学校 39.8％、高等学校 38.2％である。中学生の美術科有用感は、小学校から約 20％低下し、調査対象の全教科（国語、社会、数学、理科、外国語、音楽、美術、保健体育、技術・家庭）の中で、最も低い数値となっている。

　さらに、過去の美術に対する意識調査（「特定の課題に関する調査《質問紙調査》[2]」（2009-2010）では、図画工作（美術）に対する好意について、小学校の肯定的な回答 83.3％、中学校 74.7％であり、図画工作（美術）科有用感は、小学校の肯定的な回答 69.8％、中学校 50.5％である。調査実施数の違いはあるが、両調査結果から、特に教科有用感の低下（小学校：69.8％《2009》⇒ 60.0％《2012》、中学校：50.0％《2009》⇒ 39.8％《2013》）が懸念される。

　ところで、表 1 の中学校の調査で、約 7 割の生徒が「美術の学習が好き」と回答し、美術科有用感に対する肯定的な回答は約 4 割という数値は、「美術の学習は好きだが、日常生活や社会では役立たない」と考える生徒が 3 割程度存在する、という実態を示している。通常、美術に対する好意は、主体的に学習に取り組む態度の形成や学力向上につながり、結果として教科に対

表 1　「学習指導要領実施状況調査（質問紙調査）」結果における肯定的な回答の割合（％）

	小学校（第 6 学年）		中学校（第 3 学年）		高等学校（1・2 学年）	
	そう思う	どちらかといえばそう思う	そう思う	どちらかといえばそう思う	そう思う	どちらかといえばそう思う
図画工作（美術）の学習が好きだ	55.8	24.5	36.6	34.3	44.9	30.2
	80.3		70.9		75.1	
図画工作（美術）の学習をすれば、ふだんの生活や社会に出て役立つ	29.0	31.0	11.9	27.9	14.0	24.2
	60.0		39.8		38.2	

する価値意識を形成すると考えられる。では、「美術に対する好意はあるが、有用感は感じない」という生徒の意識は、どのような要因、背景から生じているのだろうか。

｜2｜　レリバンスを意識した指導への転換

美術科有用感の低さから考えられることは、次のような生徒の実態である。

・美術の学習活動を、楽しさを味わうことや作品をつくることだけの意味で捉えている。
・「美術の学習でどのような力が身に付くのか、なぜ学ぶのか」を理解していない。
・美術で育成する「感性」「情操」などの資質・能力は、抽象的で学びの成果が実感できない。
・美術の学習で身に付く資質・能力が社会でどのように役立つのか具体的にイメージできない。

これらの実態は類推に過ぎないが、美術の授業では、「何（作品）を、どのように表現するか」
10 だけはなく、「どのような力が身に付くのか」「何に役立つのか」など、「レリバンス（relevance：学ぶ意義や関連性、有効性）3)」を意識して指導しなければ、生徒に有用感や美術の必要性を感じさせることは難しいということである。

例えば、デザインでリピテーション（繰り返し）を学習する場合、構成美の要素としての位置付けだけでなく、一つの形や図柄の繰り返しによる文様、建築デザインや装飾、布地プリントへの応用などに触れ、身の回りの世界との関連や日常生活に生かされている例を示すことで、美術の有用性を伝える。また、地域と連携して地元特産品や観光イベントを宣伝するポスターやイラスト、パッケージ制作などを通して、地場産業の振興や地域活性化の有効な手段として、視覚に訴える美術の働きやメッセージ性を学習するなどが考えられる。石井英真（1977-)4) は、このような授業を「教科を学ぶ（learn about a subject）」授業と対比させ、「教科する（do a
20 subject）」授業（教科の知識・技能が実生活で生かされている場面や知の探究過程を体験し、「教科の本質」を深める授業）と位置付け、レリバンスを重視した学習の在り方を追求している。

レリバンスを意識した授業改善や美術の創造的な表現活動の特性を生かして、現代社会の様々な課題解決に取り組むプロジェクト型学習（Project Based Learning：PBL）を経験することは、美術の学習が実社会でどのように役立つのか考えるきっかけとなるであろう。こうした学習の積み重ねが、美術科有用感の高まりにつながると考えられる。

｜3｜　美術の学習とコンピテンシーとの関連

美術で育成を目指す資質・能力は、コンピテンシー（competency）育成にどのように関わっているのか、美術による学びや経験を言語化して、整理、価値付けしていくことが必要である。

21世紀の社会の変化を見通し、育成すべき人間の能力をコンピテンシーとして定義する動きは、教育改革の世界的潮流であり、各国でコンピテンシーを重視したカリキュラム改革が行われ
30 ている（OECD《経済協力開発機構》の DeSeCo プロジェクトの ［キー・コンピテンシー］、イギリス［キー・スキル］、オーストラリア［汎用的能力］、ニュージーランド［五つのキー・コンピテンシー］、アメリカ官民共同プロジェクト：The Partnership for 21st Century Skills ［21世紀スキル］など5)）。これらの資質・能力目標に共通することは、いずれも基礎的なリテラシーと認知スキル、社会や他者との関係やその中での自律に関わる社会スキルの3層から構成されていることである。つまり、コンピテンシーは、包括的、統合的な概念を示すものなので

表2 キー・コンピテンシーと変革をもたらすコンピテンシー（2019年）（*白井、2020を基に作成）	
キー・コンピテンシー	変革をもたらすコンピテンシー（Transformative competencies）
社会・文化的、技術的ツールを相互作用的に活用する能力	①新たな価値を創造する力（Creating new value） 中核概念：「イノベーション」 構成要素：目的意識、好奇心、批判的思考力、創造性、他者との協働など
多様な社会グループにおける人間関係形成能力	②対立やジレンマに対処する力（Reconciling tensions & dilemmas） 構成要素：認知的柔軟性、他者視点の獲得、共感性、敬意、創造性、問題解決能力など
自律的に行動する能力	③責任ある行動をとる力（Taking responsibility） 構成要素：統制の所在、誠実さ、他者への思いやり、敬意、批判的思考力、省察的思考力、自己意識、自己調整など

ある。例えば、DeSeCoによるコンピテンシーの定義は、「知識や〔認知的、メタ認知的、社会・情動的、実用的な〕スキル、態度及び価値観を結集することを通じて、特定の文脈における複雑な要求に適切に対応していく能力」である[6]。

OECD Education 2030 プロジェクトの「ラーニング・コンパス（学びの羅針盤）」（図1）では、DeSeCo キー・コンピテンシーを更新し、2030年の未来に求められる「変革をもたらすコンピテンシー」として表2のように定義している[7]。

変革をもたらすコンピテンシー①「新たな価値を創造する力」では、従来の「ツールを相互作用的に活用する（キー・コンピテンシー）」だけではなく、より広い意味の新たな価値を生み出すことが求められ、イノベーションの創出が中核にある[8]。創造性の育成は、美術の目標であり、創造的な表現活動に取り組む美術の学習は、今後のコンピテンシー育成に大きな役割を果たすことが期待される。コンピテンシーの構成要素である批判的思考力、他者視点の獲得、共感性は、鑑賞授業での美術批評（art criticism）や作品を通した他者理解と重なる能力である。

これからは美術によって身に付ける資質・能力とコンピテンシー育成との関連を明確にするとともに、美術を学ぶ意義や有用性を実感できる授業をつくることを通して、美術に対する新たな意識を形成していくことが必要である。

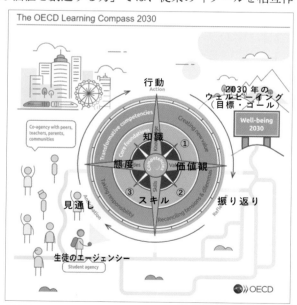

図1 OECD Education 2030 プロジェクト「ラーニング・コンパス（学びの羅針盤）」

（https://www.oecd.org/education/2030-project/、白井《2020》を基に作成）

第2節 STEAM教育と美術科教育の可能性

1 STEM教育からSTEAM教育へ

人工知能（AI）、ビッグデータ、Internet of Things（IoT）を活用した人とモノのつながりやロボティクス（Robotics）などの技術進展による新たな可能性が広がる "Society 5.0"（「『第5期科学技術基本計画』」）の社会の実現に向けた動きが加速している。中央教育審議会は、「『令和の日本型学校教育』の構築を目指して～全ての子供たちの可能性を引き出す，個別最適な学びと，協働的な学びの実現～（答申）」（2021）において、急激な社会変化に対応し、多様な人々と協働しながら豊かな人生を切り開き、持続可能な社会のつくり手となる人材を育成するために、2020年代を通じて実現すべき学校教育の方向性を示している。本答申に、新時代に対応した高等学校教育などの在り方として、「STEAM教育等の教科等横断的な学習の推進による資質・能力の育成」が位置付けられている。STEAM教育（Science, Technology, Engineering, Arts and Mathematics Education）とは、それまでのSTEM教育「Science（科学）、Technology（技術）、Engineering（工学）、Mathematics（数学）」に「Arts（芸術、美術）」の要素が加えられたもので、「各教科での学習を実社会での問題発見・解決にいかしていくための教科横断的な教育」（教育再生実行会議第十一次提言 2019）を意味する。

STEM教育は、アメリカの産業競争力を支える科学技術人材の育成のための政策として進められてきたものであり、STEMの語は、理数系教育の推進を目指すNSF（アメリカ国立科学財団）による造語である（2001）。バージニア工科大学による「統合STEM教育プログラム（Integrative STEM Education）」の開設（2005）やオバマ元大統領（在任期間：2009-2017）の科学技術イノベーション政策によって推進され、2011年には高等教育だけでなく初等中等教育にも拡大した[1]。科学教育の標準NGSS（『Next Generation Science Standards』《2013》）の出版やSTEMの定義にコンピュータ科学を含めるための「STEM教育法」（2015）の制定により、その取り組みは強化されている[2]。

STEM教育に、「A」を加えた「STEAM教育」の用語を初めて用い、概念モデルと学問領域を横断して指導する枠組みをつくったのは、バージニア工科大学に在籍していたジョーゼット・ヤックマン（Georgette Yakman）である（2006）。その後、STEAM教育は、多様な概念定義の下で推進されてきた。STEAMの「A」の意味解釈には、芸術として捉えるものから、リベラルアーツ（liberal arts）のもつ広義の教養として捉える概念まであり、「Arts」の概念的統一や共通理解には至っていない。我が国においては、人材育成の側面に着目し、STEAMの「A」の範囲を芸術、文化、生活、経済、法律、政治、倫理等を含めた広い範囲「liberal arts」で定義、推進することが示されている[3]。経済産業省「未来の教室」とEdTech研究会 第2次提言では、「学びのSTEAM化」を掲げ、「一人ひとりのワクワクする感覚を呼び覚まし、文理を問わず教科知識や専門知識を習得すること（＝『知る』）と、探究・プロジェクト型学習（PBL）の中で知識に横串を刺し、創造的・論理的に思考し、未知の課題やその解決策を見出すこと（＝『創る』）とが循環する学びの実現[4]」を目指している。異なる分野をつなぎ、核となるのは、イノベーションを生み出す創造性なのである。

| 2 | STEAM 教育の実践における課題

　近年、国内外で STEAM 教育に関連する実践が進められているが、「Arts」が明確に位置付けされていない実践例も多い。国内では、「総合的な探究の時間」の実践例や新教科を新設した研究開発例[5]などがある。STEAM 教育の実施にあたって、『高等学校学習指導要領（平成 30 年告示）』との関連は次の通りである。

> **第 1 章総則第 2 款 2 (1)**
> 　各学校においては、生徒の発達の段階を考慮し、言語能力、情報活用能力（情報モラルを含む。）、問題発見・解決能力等の学習の基盤となる資質・能力を育成していくことができるよう各教科・科目等の特質を生かし、教科等横断的な視点から教育課程の編成を図るものとする。

　諸外国の取り組み例として韓国では、STEAM 教育の考え方を基に、2010 年から「融合教育・人材育成」を教育政策に位置付け、義務教育全体に「理数教科に芸術教育を融合する授業」を取り入れている[6]。韓国の STEAM 教育の特徴は、「科学技術に対する興味だけでなく、感受性と想像力で革新的なアイデアを創出することができ、価値志向的な創造的人物を志向する[7]」としていることである。しかし、実際の授業では、創造的過程の意義が十分に問われないまま、科学や数学を用いた問題解決活動の成果を制作、伝達したりする補助的役割として、美術が表層的に用いられているに過ぎないとの課題も指摘されている[8]。

| 3 | これからの美術科教育

　OECD Education 2030 プロジェクトでは、2030 年に向けた今後の社会変化の将来予測として、次の三つの観点から国際的なメガ・トレンドを示している[9]。
（1）社会における変化：①移民の増加　②地球環境の変化　③自然災害の増加
　　　　　　　　　　　　④政府に対する信頼の低下　⑤テロやサイバー犯罪の増加
（2）経済面での変化：①経済的な格差の拡大　②雇用のオートメーション化
　　　　　　　　　　　③失業率の悪化＊
（3）個人における変化：①家族の形態の変化　②肥満＊や自殺の増加
　　　　　　　　　　　　③政治への市民参画の低下　　　　　（＊については日本は低い水準）
　地球規模の環境・資源問題、技術革新、グローバル化による異なる文化や新旧の複雑な事象、要因が絡み合う諸問題の解決に、既存の知識や常識の枠組みに捉われない新たな仕組みや価値、概念の創造が求められている。Arts（美術）には、科学技術や政治、経済など異なる分野をつなぎ、融合する働きがある。それは、美術のもつ創造性や感性、技術によるものである。
　STEM 教育に「A」を加えるという発想を発展させ、「Arts（美術）が中心となって他を連環する」と捉え、美術の新たな役割と可能性を広げていくことが重要である（図 1）。このような芸術を通しての学びを重視する考え方は、国際バカロレア（International Baccalaureate：IB）の教育プログラムにも見ることができる。STEAM 教育に関連した探究型学習やプロジェクト型学習（PBL）の実践にあたっては、美術をプラットフォームとした学習を美術教員が中心となってデザイン・計画することによって、教科の特性を生かした明確な Arts（美術）の位置

付けが進むと考えられる。

　美術は、美を生み出す「技術」と「創造性」を育む教科である。美術科教育は時代や社会状況によってその目標を変化させてきた。アイスナーは、「一般的に、美術教育の目標は美術の特性と価値の上に根ざすべきであると述べるのは簡単であるが、目標は常にいろいろな社会状況の中で生きている多くの人々のためにあるのである。したがって、設定目標が、社会状況の中で価値があるかどうかを決定するために、人々および環境という両者の特性を明確にすることが重要である[10]」と述べている。美術における「技術」と「創造性」をどのように社会に生かし、価値付け、発信していくのか、新たな視点に立ち、未来に向けた美術科教育を創造していくことが求められている。

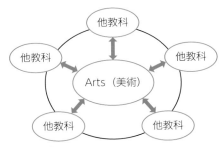

図1　Arts（美術）が中心の学習

引用・参考文献
第6章第1節
1)　国立教育政策研究所教育課程研究センター「学習指導要領実施状況調査（質問紙調査）」2012・13年度小学校（第6学年）、2013年度中学校（第3学年）、2015年度高等学校（第1・2学年）
2)　国立教育政策研究所教育課程研究センター「特定の課題に関する調査（小学校図画工作・中学校美術）（質問紙調査）」（2009）
3)　本田由紀「教育システムと職業システムとの関係における日本的特徴に関する研究：トランジションとレリバンスの比較歴史社会学」（博士論文）（2004）pp.112-113
4)　石井英真『今求められる学力と学びとは』日本標準（2015）pp.39-46
5)　国立教育政策研究所「社会の変化に対応する資質や能力を育成する教育課程編成の基本原理」『教育課程の編成に関する基礎的研究報告書5』（2013）pp.13-14
6)　白井俊『OECD Education 2030 プロジェクトが描く教育の未来』ミネルヴァ書房（2020）p.5
7)　同上 pp.151-159
8)　同上 pp.151-154

第6章第2節
1)　畑山未央、上野行一他「STEAM教育における美術と異領域の統合原理の考察（1）－STEAMのAの位置づけに焦点化して－」『日本科学教育学会研究会研究報告』Vol.34 No.6（2020）pp.2-3
2)　胸組虎胤「STEM教育とSTEAM教育」『鳴門教育大学研究紀要』（34）（2019）pp.59-60
3)　中央教育審議会「『令和の日本型学校教育』の構築を目指して～全ての子供たちの可能性を引き出す，個別最適な学びと，協働的な学びの実現～（答申）」（2021）pp.56-57
4)　経済産業省「未来の教室」とEdTech研究会 第2次提言「『未来の教室』ビジョン」（2019）p.2
5)　文部科学省研究開発学校「平成30年度研究開発実施報告書（要約）」熊本大学教育学部附属中学校による「未来思考科」の実践例
6)　安東恭一郎、金　政孝「科学と芸術の融合による教育の可能性と課題－韓国STEAM教育の原理と実践場面の検討－」『美術教育学』（35）（2014）pp.62-65
7)　同上 p.65
8)　同上 pp.72-75
9)　白井俊『OECD Education 2030 プロジェクトが描く教育の未来』ミネルヴァ書房（2020）pp.35-52
10)　エリオット W. アイスナー／仲瀬律久他訳『美術教育と子どもの知的発達』黎明書房（1986）pp.80-81

現代美術における社会的な意識の誕生

女子美術大学　杉田敦

　一昔、いやもっと以前のことかもしれないが、芸術に携わる人間は、多少社会の状況や世情に疎いところがあっても許されるという理解が一般的ではなかっただろうか。そうつまり、アトリエや工房に籠もって制作に打ち込むあまり、外の世界にリアリティがもてなくなってしまい、常識が後回しにされてしまっても仕方がないというわけだ。美術史をさかのぼるとき、そうした作家たちの放縦が、ときに作品と同じかそれ以上に、蠱惑的な輝きを放ち、惹きつけられたという経験はないだろうか。社会はそれを許容し、芸術家もそこにあぐらをかく。ある意味で特権的ともいえるそうした姿勢は、けれども、現代美術に目を転じてみると、まったく出合うことがないばかりか、むしろ敬遠され、否定されていることに気付くだろう。ときにまだ誰も認識していない問題を発見し、告発し、そしてその解決を模索する。逆に、現代美術の表現者は、社会や世界の動きに敏感であることこそが求められている。

現代美術は坑道のカナリアか

　芸術家が社会に対して警鐘を鳴らす存在だということを坑道のカナリアに例えてみせたのは、第二次世界大戦で捕虜になった経験をもつアメリカの作家、カート・ヴォネガット（Kurt Vonnegut 1922-2007）だが、しかしそれでも、彼がそれを物理学の教員に向けて語ったときには、おそらく今日のように幅広く社会の諸問題に介入するということを考えていたわけではないはずだ。もちろん、件の講演が催されたのが 1969 年であることを考えれば、眼前の社会問題を想定していなかったと決めつけることはできない。事実ヴォネガットは、反戦や抵抗の姿勢を示したベトナムのアーティストたちに敬意を表している。けれども今日、現代美術がそうするように、人権問題、環境問題、社会的不正、経済格差など、社会が抱える様々な問題を、満遍なく視野に入れるようになると想像していただろうか。そして取り上げるだけでなく、分析し、解決を模索し、そしてそれを提唱するようになると……。今や現代美術は、坑道のカナリアではなく、あらゆる場所のリスクを回避するための探知機と呼んだ方がふさわしいのかもしれない。

　ドイツの中堅学園都市、カッセルで 5 年ごとに開かれる国際展ドクメンタは、今日の現代美術の状況を概観することのできる場の一つだが、2017 年に開催されたとき、「ハリットの友人たちの会」という奇妙な団体名義の作品があった。映像を中心として構成されたアーカイブは、形態としては、さほど目新しくないものだったが、その内容には非常に驚かされた。2006 年に起こったドイツの極右組織の手による連続殺人事件、その犠牲者の一人でインターネット・カフェを営んでいた 21 歳のトルコ系の青年の名前を戴くその団体は、他の調査機関とも連携しな

がら緻密な調査を行い、ドイツの諜報機関の職員が一連の事件に関与していたという、警察で
さえ突き止めることのできなかった暗部を暴き出すことに成功していた。これほどまでの直接的
な社会への介入を、現代美術は見つめ始めているのか……。具体的な告発内容と同等かそれ以上
に、そのことに対する驚きが大きかった。

　確かにその団体にとって、自分たちの活動が芸術的な意味をもつかどうかは、さほど重要なこ
とではないかもしれないという問題は残る。しかしたとえそうだとしても、彼らのような活動
が、多くの現代美術作品を目にし、経験し、そしてそれについて友人たちと言葉を交わし、自分
なりの考えを育てていく、そのための場に招き入れられているということの意味と、芸術に関わ
るものは向き合っていく必要があるだろう。少なくともそれは、戦後、現代美術が歩み出した方
向が、いまだに模索が続いているのだとしても、さらに深化させようとして取り組まれているこ
とを示すものだ。

芸術による社会変革の可能性

　芸術において、社会への関与が意識されるようになったのは、それほど昔のことではない。第
二次世界大戦にナチスの兵士として出兵した経験をもつヨーゼフ・ボイス（Joseph Beuys
1921-1986）は、「社会彫刻」という言葉でそうした姿勢の重要性を説いた。社会への意識の源
を、ボイスの社会彫刻だと考えれば、その歴史はわずか半世紀といくばくかにすぎない。ボイス
は、誰もがみな創造性の担い手なのだということを主張したことでも知られるが、その認識自体
は決して独自のものではない。

　例えばそれは、初期ロマン主義の早世の詩人、ノヴァーリス（Novalis 1772-1801）の言葉
にも見られるし、そこからさらにキリスト教における敬虔主義の誕生までさかのぼってみること
もできなくはない。その他にも、詩聖ラビントラナード・タゴール（Rabindranath Tagore
1861-1941）の教育観や、タゴールの影響を受けたアナンダ・クーマラスワミ（Ananda
Coomaraswamy 1877-1947）のように、ボイス以前にも同様の認識は唱えられている。ボイ
スの思想が、今日の芸術の社会への意識の原点とみなされ、またそれを支えるものになっている
のは、敬虔主義やタゴールなどを源とする流れとは別に、芸術実践を、社会変革を可能にするも
のとして拡張的に捉えようとしたところにある。つまり、誰もが芸術家であるだけでなく、誰も
が社会を変えることができるという理解。しかしこの可能性は、新しいフィールドを開拓するよ
うにして手に入ったものではない。

　かつて美術家を志していたこともある首魁に率いられた第三帝国は、芸術に容赦なく介入した
ことでも知られているが、その戦争機械の歯車となった経験をもつボイスがそれを唱えたのだ。
そうした経験をもつ者が戦後、芸術に関わっていこうとするとき、自分自身も芸術に対する弾圧
に加担したことになるのではないかと自問してみるのはもちろん、それとは逆に、そのような忌
むべき事態に対して、芸術は全く関係なく、責任もないのだろうかという疑いを抱いてみること
もまた、極めて当然のことのはずだ。ボイスの社会彫刻という姿勢は、退廃芸術の被害者として
の芸術という意識からだけでは生まれなかったものだ。被害者であるだけでなく、加害者でも
あったのかもしれないという疑念や自省こそが、彼の認識を生み出したのだ。そう考えてみるこ
とは無駄なことではないだろう。芸術が社会への介入を拒み、またそのことを芸術家自身が黙認
していたのだとすれば、その姿勢もまた、望ましくない状況を呼び込む一因だったはずだ。そう
想像してみることは、決して、理路を逸した、無謀な飛躍ではない。ボイスの社会彫刻は、積極

157

的な社会改革への関与をうたうものだが、その根底には、そうした当たり前の反省の意識があるのだ。いってみれば、可能性としての積極性は、消極性を反省し、回避するためのものとして手に入ったものなのだ。

社会性に目覚めた芸術観とアカデミズム

　しかし、果たしてこのような認識を、教育のような場で伝えていくことができるだろうか。ボイスが傾倒したシュタイナーをはじめとして、モンテッソーリ、フレネ、イエナプランなど、自由教育を 標 榜する場であれば、それもまた可能なのかもしれない。けれども、制度化された教育の場が、こうした社会性に目覚めた芸術観に対応していくのは容易なことではないだろう。視覚表現とその読解に偏重してきた従来の芸術教育にとっては、それは手に余るばかりか、果たして自分たちの向かう先に、望むべきものが待機しているのかどうかさえ怪しくなってくる。下手をすればそれは、そもそも立脚する場所が違うのだというように、不幸な断絶さえ生み出しかねない。またそれが、おそろしく広範な分野に視線を送るものでなくてはならないということもその実現を遠ざける。

　おそらくそれは、社会情勢はもちろんだが、哲学や心理学、文学などの人文知に加え、医学や精神科学、知識工学や物理学、生物学など、幅広く種々の学域を横断するような、新たな知の在り方ともいうべきものにならなくてはならないはずだ。その上さらにそれは、常に現況に対する批判的な視線をもつものでなくてはならず、そのことを考えれば、評価の定まった知識の集成としての諸学では不十分で、まだ実験的であるような、つまり個々の学域の中でも不定形で流動しているようなものまでを見つめるものでなくてはならないということになる。言語行為論のジョン・ラングショー・オースティン（John Langshaw Austin 1911-1960）の言葉を借りれば、コンスタティヴ（確認的）ではなく、パフォーマティヴ（遂行的）ということになるだろうか。あるいは、固着しつつある知識としての学ではなく、いってみればその外、つまりはアカデミズムの外に向けられる視線……。

　前世紀の不幸な戦争に、二人の若者が敵対する立場で出兵した。どちらも相手側の虜囚を経験し、戦後、文学と芸術という違いはあるものの、共に創造の道を歩んでいく。そしてその一方が芸術家の危機を察知する役割を説き、もう一方も芸術による社会変革の可能性を考えるようになっていく。二人が抱き始めた認識を、教育を通して定着させるのは困難を極めている。しかし、そのこと以上に明らかなのは、それこそが向き合うべきものだということだろう。

著者・執筆者一覧

著者

鈴木淳子（すずきあつこ）

女子美術大学芸術学部教授

1964 年福岡県生まれ

1986 年女子美術大学芸術学部絵画学科洋画専攻卒業

2012 年横浜国立大学大学院教育学研究科修士課程修了

東京都公立学校教員、指導主事、女子美術大学芸術学部准教授を経て 2017 年より現職。研究分野は、教科教育学（美術）。著書に『アートがつなぐ学校と社会—美術教育の新たな方向』『頑張れ美術、図画工作』（いずれも紫峰図書）、監修に『美術科教育の理論と実際—美術科の教員を目指す人のために』（日本文教出版）など。

執筆者
章末コラム

前田基成	女子美術大学
佐藤真帆	千葉大学
岩崎知美	神奈川県川崎市立井田中学校
藤田令伊	アート鑑賞ナビゲーター
川上康則	東京都立矢口特別支援学校
杉田　敦	女子美術大学

図画工作・美術科教育の授業づくりの工夫

三浦佳那子	東京都板橋区立板橋第八小学校
横山由紀子	東京都日野市立旭が丘小学校
稲川愛美	栃木県宇都宮市立陽東中学校
坂倉由香里	東京都青梅市立第七中学校
東原加奈	神奈川県大和市立南林間中学校
鳥谷紗規	神奈川県伊勢原市立中沢中学校
木戸綾乃	東京都大田区立矢口中学校
中村祐瑚	東京都八王子市立南大沢中学校
幾田智恵	神奈川県立横浜清陵高等学校
角ほのか	神奈川県立麻生高等学校

画像提供
アフロ、PIXTA

美術科教育の理論と指導法

2021 年（令和 3 年） 9 月 3 日　初版発行

編 著 者　鈴木淳子
発 行 者　佐々木秀樹
発 行 所　日本文教出版株式会社
　　　　　https://www.nichibun-g.co.jp/
　　　　　〒 558-0041　大阪市住吉区南住吉 4-7-5　TEL：06-6692-1261

デ ザ イ ン　日本ハイコム株式会社
印刷・製本　日本ハイコム株式会社

©2021 Atsuko Suzuki　　Printed in Japan
ISBN978-4-536-60126-9